你不得不知道的经典故事

谢宏模 周永美 刘菊兰 陈林·编写

南京大学出版社

图书在版编目(CIP)数据

岳飞故事 / 谢宏模等编. —南京:南京大学出版社,2009.6

(你不得不知道的经典故事)

ISBN 978-7-305-06227-8

Ⅰ.岳… Ⅱ.谢… Ⅲ.岳飞(1120～1142)—传记 Ⅳ.K825.2

中国版本图书馆 CIP 数据核字(2009)第 102665 号

出 版 者	南京大学出版社
社 　 址	南京市汉口路 22 号　　　邮编　210093
网 　 址	http://www.NjupCo.com
出 版 人	左　健
丛 书 名	你不得不知道的经典故事
书　　名	岳飞故事
编 　 写	谢宏模　周永美　刘菊兰　陈 林
责任编辑	陆蕊含　　　　　编辑热线　025-83592193
照　　排	南京玄武湖印刷照排中心
印　　刷	宜兴市文化印刷厂
开　　本	880×1230　1/32　印张 6　字数 124 千
版　　次	2009 年 6 月第 1 版　2009 年 6 月第 1 次印刷
ISBN	978-7-305-06227-8
定　　价	12.80 元

发行热线　025-83594756
电子邮箱　sales@NjupCo.com(销售部)
　　　　　press@NjupCo.com

＊版权所有，侵权必究
＊凡购买南大版图书，如有印装质量问题，请与所购图书销售部门联系调换

目 录

第一部分：岳飞生平简介
第二部分：岳飞通俗故事

1. 岳飞出世 ………………………………… 006
2. 拜师周侗 ………………………………… 008
3. 青灰纸 …………………………………… 010
4. 锋芒初露 ………………………………… 013
5. 牛皋出丑 ………………………………… 015
6. 相州应试 ………………………………… 018
7. 完婚回故里 ……………………………… 020
8. 周三畏赠剑 ……………………………… 022
9. 组建岳家军 ……………………………… 024
10. 宗泽赐宴 ……………………………… 026
11. 牛皋抢状元 …………………………… 028
12. 枪挑小梁王 …………………………… 030
13. 宗泽赠盔甲 …………………………… 033
14. 群英结义 ……………………………… 035
15. 金兵犯中原 …………………………… 037
16. 痛失两狼关 …………………………… 041
17. 冰冻渡河 ……………………………… 043
18. 奸臣得势 ……………………………… 046

19. 二帝被俘 …… 048
20. 崔孝救主 …… 050
21. 岳母刺字 …… 053
22. 召英雄岳飞 …… 055
23. 青龙山告捷 …… 057
24. 岳飞挂帅 …… 060
25. 大战爱华山 …… 063
26. 分吃"萝卜王" …… 065
27. 牛皋夺关完婚 …… 068
28. 反间计 …… 070
29. 立下奇功 …… 073
30. 雪中庆功 …… 077
31. 张用献关 …… 079
32. 智取何元庆 …… 082
33. 呼延灼战杜充 …… 087
34. 宋高宗在逃 …… 090
35. 宋高宗被困牛头山 …… 092
36. 黄机密献计 …… 095
37. 岳云投军 …… 097
38. 岳云聘亲 …… 099
39. 枪挑铁滑车 …… 101
40. 大战牛头山 …… 103
41. 大败金兀术 …… 109
42. 梁红玉奋战金兵 …… 112
43. 决战黄天荡 …… 116

44. 迁都临安 …………………………………… 120

45. 秦桧叛国 …………………………………… 121

46. 杨再兴归顺 ………………………………… 124

47. 痛失良将 …………………………………… 128

48. 双枪陆文龙 ………………………………… 135

49. 王佐施计入金营 …………………………… 138

50. 岳飞收将 …………………………………… 140

51. 曹宁弑父 …………………………………… 144

52. 大破连环马 ………………………………… 150

53. 朱仙镇扬威 ………………………………… 153

54. 十二道金牌召回岳飞 ……………………… 155

55. 三畏挂冠 …………………………………… 157

56. 被害风波亭 ………………………………… 161

57. 沉冤昭雪，一门忠烈 ……………………… 171

第三部分：岳飞的军事思想

1. 岳飞从严教子　治家有方 ………………… 172

2. 身先士卒　执法严明 ……………………… 177

3. 节俭廉洁　谦虚敬贤 ……………………… 183

第一部分：岳飞生平简介

岳飞（1103—1142年），字鹏举，出生于北宋相州汤阴（今河南汤阴县）的一户佃农家里。青年时代，正遇上金女真贵族对宋发动大规模掠夺战争。他亲眼目睹北宋灭亡前后的惨痛史实，和当时中原沦陷区的人民呼吸相通，有坚决抗击女真贵族民族压迫、收复故土、统一祖国的强烈愿望和要求。

北宋末年，深受民族压迫的汉、契丹、渤海、奚等各族人民，"仇怨金国，深入骨髓"，纷纷自动组织起来反抗。

从12世纪20年代起，黄河南北、两淮之间，掀起了轰轰烈烈的抗金民族战争。岳飞和抗金名将宗泽、韩世忠等一道，站在抗金斗争的最前线。可是，腐败的北宋统治集团，采取妥协、投降的政策，1127年（靖康二年），宋徽宗赵佶、宋钦宗赵桓被掳走后，继而接位的南宋小朝廷的头目赵构，同样是个投降派。他偏安于江南一带，沉醉于歌舞逸乐之中，没有真正组织抗金民族战争并把它进行到底的决心和打算，反而一面利用秦桧等投降派，通过他们出面进行一系列议和投降活动；一面则利用宗泽、岳飞、韩世忠等抗战派，抵挡金军的凌厉攻势，以保住他的皇帝宝座和积累屈膝求和的资本。到了12世纪20年代中期，东自江淮，西至陕西一线的宋、金双方对峙的军事分界线形成后，赵构、秦桧统治集团，实际上已经成了南宋抗金斗争的最大绊脚石；反过来，岳飞、韩世忠等抗战派，则成了赵构、秦桧投降派活动的最大障碍。南宋朝廷内部抗战派与投降派的斗争，日趋尖锐。

岳飞坚决反对议和，主张抗战到底，置个人荣辱安危于度外，对赵构、秦桧的投降活动进行坚决斗争。1139年（绍兴九年），岳飞在鄂州（今湖北武昌）听说宋、金和议将达成，立即上书表示反对，申言"金人不可信，和好不可恃"，并直接抨击了"相国"秦桧出谋划策、用心不良的投降活动，使"秦桧衔（抱恨）之"。和议达成后，宋高宗赵构得意忘形，颁下大赦诏书，对文武大臣大加爵赏。可是，诏书下了三次，岳飞都加以拒绝，不受开府仪同三司（一品官衔）的爵赏和三千五百户食邑的封赐。他在辞谢中，痛切地表示反对议和："今日之事，可危而不可安，可忧而不可贺。"并再次表示收复中原的决心，"愿定谋于全胜，期收地于两河，唾手燕云，终欲复仇而报国"。这无异于给宋高宗当头泼了冷水，从而更使赵构、秦桧怀恨在心。但岳飞不顾个人得失，坚持抗战到底。他率领军队，联络北方义军，卓有成效地从事抗金战争，积极准备收复中原、统一祖国，成为全国抗金民族战争中的有力支柱。

1139年夏，金兀术撕毁绍兴和议，倾巢而出，再度发动大规模的对宋战争。在东、西两线军取得对金大捷的形势下，岳飞挥师从长江中游挺进，实施锐不可当的反击，他一直准备着的施展收复中原抱负的时机到来了。

岳家军进入中原后，受到中原人民、忠义民兵的热烈欢迎。这年7月，岳飞亲率一支轻骑驻守河南郾城，和金兀术一万五千精骑发生激战。岳飞亲率将士，向敌阵突击，大破金军"铁浮陀"(侍卫亲兵)和"拐子马"(左右两翼钳攻的骑兵),把金兀术打得大败。岳飞部将杨再兴,单骑闯入敌阵,想活捉金兀术,可惜没有找到,手杀敌人数百,身受几十处创伤,豪勇无比。岳家军将士具有"守死无去"的战斗作风,敌人以排山倒海的大力,也不能把岳家军阵容摇动。郾城大捷后,岳飞乘胜向朱仙镇进军(离金军大本营汴京仅四十五里),金兀术集合了十万大军抵挡,又被岳飞打得落花流水。岳飞这次北伐中原,一口气收复了颍昌、蔡州、陈州、郑州、郾城、朱仙

镇,消灭了金军有生力量,金军军心动摇,金兀术连夜准备从开封撤逃。南宋抗金斗争有了根本的转机,再向前跨出一步,沦陷十多年的中原,就可望收复了。岳飞兴奋地对大将们说:"直抵黄龙府,与诸君痛饮耳(破掉酒戒庆祝)!"而金军则发出了"撼山易,撼岳家军难"的哀叹。

但是,外敌难以撼动的岳家军,却遭到了南宋朝廷内部投降派的摧残。就在这抗金战争取得辉煌胜利的时刻,甘心充当儿皇帝的宋高宗赵构,因担心一旦中原收复,金人放回他的哥哥钦宗,他就保不住皇位,而急切地希望与金人议和。金人安插在南宋朝廷里的奸细——窃取了宰相高位的秦桧,也抓住宋高宗这个难言的心病大肆活动,破坏岳飞的抗战。他们狼狈为奸,密谋制订了全线撤军、葬送抗金大好形

势的罪恶计划。他们首先命令东、西两线收兵,造成岳家军孤军突出的不利态势后,即以"孤军不可久留"为名,连下十二道金牌(红漆金字木牌),急令岳飞"措置班师"。在要么"班师"、要么"丧师"的不利形势下,岳飞明知这是权臣用事的乱命,但为了保存抗金实力,不得不忍痛班师。岳飞愤慨地说:"十年之功,废于一旦!所得诸郡,一朝全休!社稷江山,难以中兴!乾坤世界,无由再复!"岳飞的英勇抗金斗争,至此被迫中断。岳家军班师时,久久渴望王师北定中原的父老兄弟,拦道恸哭。岳飞为了保护老百姓的生命财产,故意扬言明日渡河,吓得金兀术连夜弃城北蹿,准备北渡黄河,使岳飞得以从容地组织河南大批人民群众南迁至襄汉一带,才撤离中原。这时,有一个无耻的书生,骑马追上金兀术,扣马而谏:"太子(金兀术)毋走,京城可守也,岳飞兵且退矣!……自古没有权臣在内,而大将能立功于外者。"金兀术这才又整军回到开封,并不费吹灰之力,又把中原土地夺了回去。

岳飞一回到临安,立即陷入秦桧、张俊等人布置的罗网。1141年(绍兴十一年),他遭诬告"谋反",被关进了临安大理寺(原址在今杭州小车桥附近)。监察御史万俟卨(音mò)亲自刑审、拷打,逼供岳飞。与此同时,宋、金政府之间,正加紧策划第二次议和,双方都视抗战派为眼中钉,金兀术甚至凶相毕露地写信给秦桧:"必杀岳飞而后可和。"在内外两股恶势力的夹击下,岳飞正气凛然,光明正大,忠心报国。从他身上,秦桧一伙找不到任何"反叛朝廷"的证据,但岳飞却仍于绍兴十一年农历除夕夜,被赵构

"特赐死",杀害于临安大理寺内,年仅三十九岁。岳飞部将张宪、儿子岳云亦被腰斩于市门。岳飞父子及张宪死于奸臣昏君之手,激起了抗金军队和老百姓的强烈愤怒,韩世忠当面质问秦桧,秦桧支吾其词:"其事体莫须有(也许有)。"韩世忠当场驳斥:"'莫须有'三字,何以服天下?"民族英雄岳飞,就在"莫须有"的罪名下,含冤而死。临死前,他在供状上写下"天日昭昭,天日昭昭"八个大字。这是悲愤的呼喊!

岳飞虽然被杀害了,但他精忠报国的业绩是不可磨灭的。正是他,表达了被压迫民族的要求,坚持崇高的民族气节,在处境危难的条件下,坚持了抗金的正义斗争,并知道爱护人民的抗金力量,联合抗金军民一道,保住了南宋半壁河山,使南宋中国人民免遭金统治者的蹂躏,从而保住了高度发展的中国封建经济和文化,并使之得以继续向前发展。岳飞不愧是我国历史上一位杰出的民族英雄。

岳飞遇害后,临安义士隗顺,负尸越城,草草地埋葬于九曲丛祠旁。为了便于以后识别,隗顺将岳飞随身佩带的玉环系于遗体腰下,坟前种植了两棵橘子树。清道光年间(1821—1850年),因重修栖霞岭下岳飞庙墓,追寻岳飞初葬地,终于在杭州市众安桥螺丝山下扁担弄内的红纸染坊旁,找到了最初的岳坟。1876年(光绪二年),在这里修建"忠显庙",杭州人俗呼为"老岳庙"。

岳飞死后二十年,即1162年6月(绍兴三十二年五月)宋孝宗赵昚继位,7月下令,给岳飞平反昭雪,"追复原官",并以五百贯的高价购求岳飞遗体,"以礼改葬"。

第二部分：岳飞通俗故事

1. 岳飞出世

那是一个冬天的下午，天气很冷，外面刮着呼呼的寒风。在一个农居的小屋子里，"哇"的一声，随即传出一阵又一阵婴儿的哭声，岳飞就在这时候出生了。小岳飞在妈妈的怀里不停地哭着、闹着，手舞足蹈，小脸涨得通红。岳飞的爸爸高兴得在一旁来回走着，不停地拍着脑门，冥思苦想：哎，该给这孩子取个什么名字呢？正好这时候，小屋的上面有一只大鸟飞过，嘴里"哇哇"地叫着，岳飞的爸爸脸上露出了微笑，自言自语地说：对，就给这孩子取名叫做岳飞吧，希望他以后能像大鸟一样展翅高飞。

在岳飞出生只有二十八天的时候，这天早上岳飞爸爸离开了家，到镇上去办事。突然黄河发好大好大的洪水，那洪水就像一个张着大嘴的魔鬼，从很远很远的地方呼啸而来，汹涌澎湃，吞没了一个又一个村庄。当洪水来到岳飞的家门口时,岳飞的妈妈急中生智,抱着小岳飞跳进了一个大大的空水缸,就这样,洪水载着这只水缸不停地漂啊漂。漂了很长一段时间,周围不见了村庄,有的全是黄黄的洪水。

几天过后,大水终于退去了,小岳飞和妈妈也不知不觉漂到了一个陌生的小镇上。现在岳飞和妈妈无家可归,于是他们就在这个小镇上安家落户了。

岳飞小时候家里非常贫穷,"穷人的孩子早当家",所以岳飞很早就跟随妈妈到田里劳动,拔草、种谷……夏天炙热的太阳火辣辣地晒在小岳飞的身上,可是小岳飞却一点也不怕,因为他是一个非常坚强的孩子。岳飞还非常喜欢看书,喜欢学习,他学习劲头很足,常常看书看到深夜。因此岳飞从书中知道了很多知识,比如说要尊老爱幼、要懂礼貌。他还特别喜爱看打仗的书,因为他有一个愿望:长大以后做一个大将军,率领一支军队去保家卫国,维护国家的和平,使自己的国家不受别人的欺负。

由于经常参加劳动,小岳飞的身体长得棒棒的,吃饭一次就能吃三大碗。他还经常帮助邻居们干活,周围的大人们一提起他,都竖起大拇指,说他是一个又健康又聪明的孩子。

2. 拜师周侗

后来，小镇上来了一个叫周侗的老爷爷，他的武艺非常高强，但他从来都不欺负好人。岳飞就和一些小朋友跟着周侗爷爷练武术了。岳飞训

练时不怕吃苦，他从来不像一些小朋友那样偷懒，所以，武艺长进得非常快，经常得到周侗爷爷的夸奖。周侗爷爷的绝招是射箭，岳飞很想让周侗爷爷早点教给他。可是周侗爷爷老是不教岳飞，却让他苦练基本功：蹲马步，头上顶一个小碗，一站就是半天；或是老让他一个劲踢腿、弯腰。为此，小岳飞很不高兴，小嘴成天噘得老高老高，都可以挂一个小水壶了。岳飞回到家里，将这事告诉妈妈，妈妈这样跟他说："练武术就像盖房子，地基必须打牢，然后一块砖一块砖地砌上去，如果地基打得不扎实，墙砌得不牢，这个房子不久就要垮下来，所以老师让你练基本功，也是为了让你将来能够有一身过硬的本领啊。"

后来，周侗爷爷知道了这件事，有一天他特意将自己珍藏了多年的长弓取出来交给岳飞说："如果你能拉开这张弓，我就教你射箭。"小岳飞满不在乎地看了看弓，又看了看周侗爷爷说："行啊，我要拉开了，你可不许耍赖皮。"于是小

岳飞使出吃奶的劲去拉那张弓，可怎么拉也拉不动，周侗爷爷站在一旁摸着胡须哈哈大笑起来。从那以后，小岳飞练功就更加刻苦了，也不怕练习枯燥的基本功了。

几年以后，小岳飞长成了一个大小伙子。经过几年的训练，岳飞不仅能很轻松地拉弓，而且射出去的箭也是百发百中。他站在一个很远很远的地方，对准一片柳树叶，能将柳树叶射中。有一天，他正在练习射箭，突然发现前面的小树林里有一只小白兔正在悠闲地吃着青草，岳飞搭好弓箭对着小兔瞄准，这时小兔也正好抬起头用那双红红的大眼睛好奇地看着岳飞，岳飞使出全身的力气，正要将箭射出，这时就听有人高喊"不要放箭，不要放箭"。他抬头一看，原来是周侗爷爷。周侗爷爷严厉地批评了岳飞，他让岳飞明白了：学武术不是用来伤害人或小动物的，学武术是用来保家卫国的。后来岳飞和小白兔成了一对很亲密的朋友，每次岳飞在树林里练箭的时候，总有一只小白兔在一旁悠闲地吃草，不时地抬起头，用它那双红红的大眼睛望着岳飞咧嘴笑呢。

3. 青灰纸

岳飞很小的时候,他母亲就教他识了不少字。

这天晚上,岳飞脱下裤褂,钻在被窝里,让娘给他补磨破了的裤子。岳母补完补丁,把裤子盖在岳飞身上,就催岳飞快点睡。岳飞忽地坐起来,把褂子拽过来,披到身上,一本正经地对母亲说:"娘,光认字,不学写,搁几天又忘啦,明天开始教我写字,好吗?""中,明天就教你。""娘!你常说'千里之行,始于足下',干脆今晚就教吧。"岳飞说着,伸出胳膊穿衣服。岳母按住岳飞胖墩墩的肩头说:"看你急的,哪差这一晚。"岳母看到儿子这样好学,打心眼里高兴。

可岳飞学写字的念头一点儿也没消,伸出手,说:"拿来纸、笔,就在被窝里先教两个字,啊?"岳飞娇嗔地咂着嘴,央求娘教他写字。

一说起笔墨纸张,岳母的心像被针刺了一下,心想:要是有纸、有笔、有墨,早该教孩子写字啦。这几年吃的、穿的、用的、住的全靠王员外,如果笔、墨、纸张钱再去向王员外开口,心里实在过意不去。岳飞看娘的脸色阴沉下来,像是知道了娘的心思,忙说:"我不学啦。"钻进被窝就合上眼睛。岳母见儿子这样懂事,和自己肉连肉、心贴心,多会体贴娘呀。想着想着,眼睛湿漉漉的,心里觉得很对不起儿子。于是她抚摸着岳飞的头说:"这些天娘手里节省下来几个钱,明天就给你买笔墨,睡吧!"

岳飞没吱声,鼻子微微翕动。一会儿岳母推推岳飞,见他一动不动,以为他睡着了。岳母拾掇拾掇桌上的东西,扒扒灶火坑里的青灰,埋上火种,去睡了。

岳飞听听没动静,就睁开了眼睛。刚才他是在装睡呀!岳飞心想:"去向上学的小孩们要吧,怕不给,就是有要好的,要一回,要两回,总不能天天向人家要;在墙上写吧,两天就把墙画脏啦。该怎么办呢?"想着想着上眼皮和下眼皮就打起架来,迷迷糊糊地看见从灶火门里出来个老头,白花花的头发,胡子足有尺把长,坐在风箱旁的草堆上,用手轻轻地把烧过的青灰扒拉出来,摊在地上,拿起掏火棍,一笔一画地写起字来。岳飞心里打了个忽闪,一下子豁亮了,这不是笔和纸么。岳飞又惊又喜,"咯咯咯"地笑起来。突然有人推了他一下,醒了,只听娘问他:"深更半夜的,遇到啥喜事啦?笑得声音那么响。"

"娘!娘!快点灯,有笔有纸啦!"说着岳飞摸着衣服赶紧穿上,娘把灯也点着了。岳飞趿拉着鞋,跑到灶火前,三下两下把青灰扒出来,用手抹捋平,用食指一画,咦,挺好。回过头说:"娘,就把青灰撒到地上抹平当纸、用手指头当笔写字吧,不用花钱买啦。"

第二天,岳母把掏出来的青灰摊在地上,开始教岳飞写字了。岳飞跟着娘用手指头在这"青灰纸"上画着,一笔一画,写得认认真真。半晌工夫,岳飞就把"天地日月上下左右"几个字写得熟透透的。写了几天,岳飞的手指头上磨得红紫紫的,一碰着东西就钻心地疼。岳飞怕娘心里不好受,就一声不响,忍着疼,天天不间断地练习。

青灰有时烧得不透,里边总是疙里疙瘩的,一碰着灰疙瘩，就把字写变了样。这天岳母拿来筛子，把青灰筛了一遍，又细又匀，摊在地上，平乎乎喧腾腾的。岳飞在筛过的青灰上写字，省劲多啦，写的字也好看。写了个把月，岳飞每天写的字越来越多，加上用指头写的字又大，青灰摊得比席子还大，也不够岳飞用。岳飞写呀写呀，青灰不够用，就去四邻八舍的灶火坑里掏青灰。

后来，岳母看见儿子红紫的手指头，很是心疼，就把头上的银簪拔下来，叫岳飞用银簪在青灰上写字。用银簪在青灰上写的字，又匀又小，再也不磨指头了。

岳飞用这"银簪笔"、"青灰纸"，写了多少字，谁也说不上来，只知道岳飞写字用的青灰足足拉了三马车，岳母的银簪给磨短了大半寸。

4. 锋芒初露

又过了几年，岳飞也长成了大人。这时候，在中国北方，有一个叫女真族的部落不断闯到中国境内来抢东西、杀人、放火。很多很多百姓因此没有房子住，没有东西吃，过着水深火热的日子。而当时的皇帝，他搜刮民脂民膏，然后成天吃喝玩乐，大把大把地花钱，根本不顾老百姓的死活。为了修建一座豪华宫殿，他抓了很多人，在他们的腰上系上绳子，将他们拴在一起，让他们整日整夜地干活。女真族的部队也就是这个时候开始侵略中国的。

岳飞在家里听到逃难回来的老百姓说了这些事后，心里又气愤又着急，于是他准备离家参军保卫国家。临走的前一天晚上，岳飞的妈妈舍不得岳飞，一次又一次地看着儿子，眼泪在眼眶里不停地打转，但为了祖国的安危，岳飞的妈妈给岳飞讲了很多为祖国争光的故事。最后岳飞的妈妈千叮咛万嘱咐，让岳飞永远记住，要忠于自己的祖国，保卫祖国。

就这样，岳飞含着眼泪告别了妈妈，告别了家乡，来到部队参了军。

在部队里岳飞只是一名小小的士兵。他常常想，我什么时候才能成为一名大将军，带领着大家去和敌人打仗呢？其他的士兵经常笑话他，说一个士兵怎么能成为大将军呢。

可是机会终于来了，一天岳飞所在的小分队从山里演练回来，突然在道边遇上了女真族的大队人马。为首的女真族将领看见岳飞他们，哈哈大笑，手里拿着狼牙棒挥舞着叫道：兄弟们快上，把宋朝的几个小兵给我拿下。金兵一拥而上，将岳飞他们团团围住，岳飞他们毫不示弱，勇敢地与敌人开始了厮杀搏斗，可由于寡不敌众，岳飞他们的小队长在战斗中牺牲了。正在危急的时刻，只见岳飞手里拿着长枪，猛地一转身，突发神威，骑着白马奔金兵将领而去。金兵将领见岳飞挥马而来，手里握着狼牙棒用力猛砸下去，岳飞忽地抬头大喝一声，用枪挑去，狼牙棒"嗖"的一声，就不知飞到哪里去了。金兵将领吓得头发都竖起来了，赶紧往回逃跑。只见岳飞从后面赶紧追上，"噗"的一枪，正扎在他的背上，将他挑到马下。金兵看见自己的将领被杀，吓得屁滚尿流，一哄而散，岳飞就领着宋军乘胜追击，将金兵杀得片甲不留。

　　岳飞因为这次打仗很勇敢，被提升为小队长，虽说官小了点，但岳飞却没有一丝怨言，反而更加认真地操练，他想用更大的努力来实现他为国家效力的诺言。

5. 牛皋出丑

很多年过去了，岳飞因为打仗勇敢，肯动脑筋，终于被提升为大将军了。可是那时候中国大部分地方都已经被金兵占领了，国家面临着很大的危险，于是皇帝就派岳飞带兵去攻打金兵。

金兵的将领是个叫金兀术的人。他平常戴着尖尖的帽子，两条狐狸尾巴做的飘带拴在帽子上。金兀术是一个非常阴险狡猾的人，打仗时他常用铁链把许多马连上，马后面跟着很多用铁甲包成的车。使用这些办法他经常打赢宋朝的军队，他的这种战术就被称为"铁拐马"。

岳飞为了对付金兀术的"铁拐马"，心里一直盘算着，几天都没有睡着觉。岳飞的队伍里有一名叫牛皋的军官，他和岳飞是非常要好的朋友。牛皋平时打仗非常勇敢，而且武艺高强，一支长矛被他耍得连水都泼不进去。这次，他跟着岳飞想痛痛快快地与金兵决一死战，可是见岳飞老是不派兵去打金兀术，心里很急。于是就闯进岳飞住的中军大营里，气呼呼地说："岳元帅，怎么老不去打那个金兀术老狐狸，把俺都憋死了。"岳飞说："那你来说说有什么办法可以打败金兀术的'铁拐马。'""你、你只要给我三千人马，看我不拿金兀术老狐狸的人头来见你。"牛皋胸脯拍得"啪啪"直响地说。岳飞看他胸有成竹，于是点头答应了。原来岳飞知道平时牛皋打仗不爱动脑筋，故意让他去打这一仗，好让他吃点苦头。

第二天,"通、通、通",岳飞大军的营房外炮声震天,牛皋骑着他的大黑马,提着长枪,得意洋洋地出来了,后面跟着岳飞给他的三千人马,浩浩荡荡,很快地摆好了阵势。

金兀术的大军也早已摆好了阵势,金兀术为了让牛皋进入他的埋伏圈,还故意派几个小兵走上前去,骂牛皋:"牛、牛、牛……"

牛皋非常生气,满脸大胡子全竖立起来,拿起长矛,怒气冲冲地大喊:"金兀术老狐狸,你等着,兄弟们冲啊、杀啊……"

牛皋率先冲进了金兀术的大军里,左突右挥,与金兀术厮杀起来,这一下正好中了金兀术的奸计。只见金兀术冷笑一声,右手拿起一面黑旗往空中一舞,从牛皋的两侧突然出现了拴着铁链和包着铁皮的"铁拐马",黑压压的一片向牛皋扑来。牛皋身边的士兵一看这个情景,都被吓坏了,嘴里大喊着"救命",转身就往回跑。这个时候他们都恨自己没有像兔子那样多长两条腿,有的人跑得太快,甚至连鞋都跑掉了。牛皋却哈哈大笑,冲着"铁拐马"就冲过去,用枪去扎"铁拐马",谁知道怎么扎也扎不进去,原来"铁拐马"都是用铁皮包上的。牛皋这下可慌了神:"哎哟,妈呀,这家伙怎么这么硬呀!"赶紧拨转马头就往回跑。在"铁拐马"的追赶下,牛皋一个劲地往回跑,一不小心,从马上摔下来,脑门上磕了一个大包,门牙掉了两颗,鼻子也摔肿了,最后一瘸一拐地回到了营房。他看见岳飞,非常羞愧,赶紧用手捂着自己红肿的大鼻子。岳飞看到他的样子,又好气又好笑,意味深长地对他说:"你要吸取教训啊,可要'吃一堑，长一智'，以后打仗不能鲁莽，要多动脑筋，另外打了胜仗也不能骄敖。"牛皋听了连连点头。

后来岳飞终于想出了破"铁拐马"的方法。打仗的时候在大竹竿上缠上镰刀钩马的小腿，这样"铁拐马"就成了"拐马"了。金兀术的大军被岳飞的军队赶得好远好远。

6. 相州应试

一天,岳飞兄弟五人正在庄子前面的一块打麦场上练习枪棒,村里的民兵来报信说:"相州节度都院刘大人已经颁布条文,命令各地练武的人必须到那里考试,录取后才可以上京城参加考试。"岳飞听完,向他还礼并道了谢。

得到消息以后,岳飞立即骑马进城去见岳父李春,让岳父把牛皋的名字也加进去一同送考。李春答应了,就写了一封信给汤阴县县官徐仁,托他帮着去办理。岳飞收好信,谢过岳父回去了。

第二天,五位兄弟便早早出发了。很快,五人就来到了汤阴县。当天,岳飞就带着兄弟几个到县衙拜见了县官徐仁,并把岳父李春的信交给了徐县官。徐县官看过信,又见他们个个都像练武的人,便点头表示赞赏,并告诉他们明天去相州节度衙门找中军洪先就行了。

等到第二天,兄弟五人到相州节度使衙门去见中军洪先。哪知中军洪先张口就跟他们索要见面礼,当听到岳飞说没带钱时,他立刻板起面孔,叫他们过三天再来。岳飞他们只得回去,路上正好碰见了徐县官,兄弟五人将这个情况告诉了他。徐县官一听勃然大怒,叫岳飞几个和他一起去直接见刘老爷。刘老爷一见这五个人,个个魁梧强壮,十分喜欢。这时中军洪先进来禀告说:"这五个人武功平常,我已见过,叫他们回去好好练习,下次再来,怎么又跑到这里来了?"徐县官连忙对刘老爷说道:"这个中军,因为岳飞他们没有送礼给他,所以在这儿乱说。这些考生三年才能考一次,机会难得,望大人成全。"洪先急忙分辩说:"我早上才见识过,他们武艺不高,怎么反过来说我?如果不信,敢和我比比武艺吗?"刘老爷一听,指着岳飞与中军,说:"好吧,你们两个就比给我看看。"

岳飞和洪先下了台阶。洪先提起一柄三股托天叉,恶狠狠地向岳飞刺来。岳飞举起沥泉枪轻轻一挑,挡住了洪先的三股托天叉,随后掉转枪头,向洪先肩窝一点,洪先站不住脚,扑倒在地。刘老爷看岳飞很有本事,知道洪先在说谎,非常生气,就叫侍卫把洪先赶出大门,不再任用。洪先愤愤地走了。刘老爷对岳飞说道:"像你这样的好本事一定能考上,你只管回去收拾收拾,我会叫人送信上京城,把你的姓名报上去。"说罢又向岳飞询问了家中的情况。岳飞就将自己的身世说了一遍。刘老爷听了,就对徐县官说:"这个后生前途不可估量,你回去,查查岳家原有的老产业,等我拨些银两在汤阴县给他重新盖房子,叫他仍然回故乡去住。"岳飞一听,连忙上前叩头,对刘老爷万分感激。

7. 完婚回故里

岳飞兄弟几个回到家中，把相州刘老爷要安排岳飞全家搬回故乡相州汤阴县居住的事说了一遍。岳母非常高兴，就与众员外去道别。但是众员外都不忍与岳飞一家分离。最后大家商量决定，王员外、汤员外等各家都只留几个家人在这里总管田产，其余的东西全部收拾带走，一起到汤阴县去居住。

第二天，岳飞到县衙去见李春，说了准备回乡的事。李春想起女儿的婚事，主张岳飞先成亲再回乡，免得将来路远迎亲不方便。岳飞同意了。

岳飞赶回来，把岳父的意思先和母亲商量，然后对大家说了。大伙一听非常高兴，都认为是好事。但是岳飞却皱起眉头，沉默不语。他心里在担忧：家里很穷，拿什么来办喜事呢？这时，王贵的父亲王员外看出了岳飞的心思，就说："贤侄放心，一切有我们！"说着，便叫人打通了两间房，收拾干净，装饰起来，亮亮堂堂，让岳飞做新房。

过了一天，李县官准备好很多嫁妆，叫了家人，乘两顶大轿，一路吹吹打打将李小姐送了过来，与岳飞拜了天地。李县官喝了三杯酒，因有公事便告辞走了。大家欢呼畅饮，一直闹到深夜。第二天，岳飞到岳父家谢过亲，便与母亲、妻子、众兄弟朋友一百多口，热热闹闹地向汤阴县进发了。

走了两天，大家来到一个叫野猫村的地方。眼看着天渐渐黑下来，大伙只好在一座土地庙过夜。岳飞放心不下大家的安全，叫汤怀、张显两个在庙后把守；叫王贵在左门把守；又叫牛皋在右门把守；自己则把土地庙的两扇大门关好，并用石香炉顶住。岳飞坐在门槛上，抬头看着星空。快到二更了，忽听到外面人喊马叫，只见一片火光。岳飞一惊，从破门的门缝往外一看，为首的一个强盗，正是相州节度使衙门被革职的中军洪先。原来洪先怀恨在心，打听到岳飞要回相州故乡，就纠集了一帮人前来报仇。

　　大家被吵闹声惊醒。岳飞赶忙跑出去，准备应战。牛皋和王贵也出来助阵，只见洪先杀气冲冲，手提三股托天叉抵住牛皋，洪先的儿子洪文、洪武举起方戟向王贵刺来。岳飞怕牛皋和王贵遭到暗算，带着汤怀和张显去接应，与强盗们交战起来。不一会儿工夫，就把这群强盗打得四处逃散。洪文被王贵一刀砍死，洪武被牛皋削去了半个头顶。洪先见两个儿子都死了，心里害怕，就准备逃跑，不料被汤怀一枪刺死。其他的同伙一看，吓得纷纷逃命。

　　兄弟几个正要去追，被岳飞拦住。这时天还没亮，大家便把那些尸体堆在一块空地上，放把火烧了。

　　天一亮大家接着赶路，在路上又走了几天，才到了相州，找了旅店先住下。过了一夜，兄弟五个便去拜见徐县官。这时徐县官早已查明了岳家原来的祖业和地产，加上都院刘老爷已拨了银子过来，所以徐县官已收拾好了房子，让岳飞他们进去居住。

　　隔了几天，兄弟几个又去拜谢都院刘老爷。刘老爷听说他们明天就要去京城汴京（今河南开封）考试，又送了些银两给他们，并写了封信给留守宗大人，请宗大人照应一下岳飞几个考试的事。岳飞等再三拜谢，告辞回来。第二天，大家忙收拾好行装，辞别家人，一行五人往京城而去。

8. 周三畏赠剑

走了两里多路,来到一个庄子。这时,从庄子里走出一个小童。岳飞上前问道:"请问你家主人叫什么名字啊?"小童答道:"我家主人姓周,字为三畏。"话音刚落,周三畏就走了出来,道:"请教各位尊姓大名,贵乡何处?"岳飞道:"在下相州汤阴县人氏,姓岳名飞,字鹏举。"周三畏高兴地笑道:"久仰,久仰。"于是,将他们迎进庄子。

岳飞入座后,周三畏从里屋中取出一口宝剑,说:"请岳兄看剑。"岳飞站起身子,将剑接在手上,左手拿定,右手将剑锋抽出才三四寸,就觉得寒气逼人。周三畏要请教岳飞这把剑的来历。岳飞道:"小弟当初曾经听先师说过:韩国有一个人叫欧阳冶善,擅长铸剑。楚王召他进宫,命令他造一雄一雌两把剑,这种剑造出来能飞起来杀人。欧阳冶善心想,楚王是个暴君,如果不答应他,必是一死。于是答应他,利用三年的时间造剑,造了三把剑,然后藏起了一把雄剑,另两把雌剑献给楚王,这两把剑当然就不能飞起来杀人。楚王空等了三年,非常生气,就把冶善杀了。冶善的妻子在家得知了消息以后,很悲痛,于是用心抚养儿子长大成人,告诉他父亲的死因。后来冶善的儿子为了报杀父之仇,取出父亲造的那把雄剑准备去杀楚王。路上正好遇到一位道人,道人知道他的去意后,怕他年龄小,无法报仇,就想助他一臂之力。于是道人想出一个绝妙的办法——告诉楚王想活到120岁就要吃一颗在油锅里煎过的人头,楚王一定很高兴。冶善的儿子说:'只要能为父亲报仇,我情愿献出自己的头。'于是跪下对道人拜了几拜,拔起剑来割下自己的头。道人把头取了,把剑佩了,前往楚国。道人来到楚国的午门,对门前的军士说:'我是送长生不老丹的。'军士回奏楚王,楚王见道人提着个人头,说:'这是个人头,哪是什么长生不老丹?'道人立即将长生不老丹的炼制过程给楚王说了。然后将自己带来的人头提上来,放在油锅里煎。当楚王走下殿看油锅中炼出来的仙丹时,不防道人拔出剑来,一剑将楚王的头砍落在油锅里。后来这把剑就叫做湛卢,不知这把剑是不是?"三畏听了这番话,禁不住笑道:"岳兄果然博古。"于是起身拿剑,双手递给岳飞,说:"这把剑已埋没了很多年,今天才真正遇到了它的主人,请岳兄收下,将来一定会成为国家的栋梁,也不辜负我先祖的遗言。"岳飞道:"他人的宝贝,我怎么敢擅自收取呢?"周三畏道:"这是先祖的遗愿,小弟怎敢违背?"岳飞再三推辞,三畏坚持相送,岳飞只好收下,佩在腰间,拜谢了三畏的相赠之礼,继续赶路。

9. 组建岳家军

岳飞二十岁开始投身军营，参加抗金的战争。一次，一百多名骑兵正在岳飞的带领下操练，突然受到一队金兵的偷袭，士兵们一时不知所措，慌了手脚。岳飞保持镇定，对他们说："自古以来兵在精不在多，将在勇不在多。现在我们和敌军相遇，虽然敌人众多，但是他们却不知道我们的实力，如果我们突袭出去，定能将他们打败。"说完，他挺枪高喊："冲啊！"率先杀了出去，一枪就把一名金兵将领挑下了马。将士们大受鼓舞，也跟着向敌军杀去。岳飞的队伍在这一仗中，把几倍于他们的敌军，杀得溃不成军、大败而逃。

此后，岳飞威名远扬。之后，他做了宗泽的部下，并奉宗泽之命与金兵在竹笋渡交战。过了几天，粮尽弹绝，眼看无法坚持了，岳飞想出一计：他让三百名精兵带着柴草埋伏在山下。午夜，他下令点燃柴草。金兵以为宋朝来了援军，惊慌失措，四下奔逃，被岳飞的军队追得七零八落，大败而归。

岳飞因为过人的机智，被宗泽提拔做了东京留守司统制。可是，面对大军压境，贪生怕死的东京留守杜充竟然投敌叛变了。于是，岳飞把各路义军联系在一起，组成了一支新的军队，继续抗金。因为他们以岳飞为统帅，所以被称之为"岳家军"。从此以后他们的大名就被很多人知道了。

岳家军有一条严明的军纪就是："冻死不拆屋，饿死不掳掠。"岳飞是佃户出身,虽然做了封建王朝的将领,但他并没有什么改变。部队的正规化建设也是岳飞始终关注的,把平时的训练都当成实战对待。因此,岳家军无论将领还是士兵,都英勇善战,大大提高了战斗力。

10. 宗泽赐宴

岳飞等五人来到了南薰门，遇到开客店的江振子。当时岳飞几个第一次去县里比武，就住在他的店里。没想到那中军洪先被革职以后，到处寻找事端报复，就因为岳飞几个住过他的店，洪先竟然把江老板的旅店给砸了。如今江振子又在这京城里开了一个店，岳飞众兄弟就都住进了他的店。岳飞向江振子打听，宗大人的衙门在哪里。江振子对他们说清了地址，岳飞等五个人便带了刘老爷的信去见宗大人。

宗大人看过刘老爷的信，见刘老爷在信中对岳飞大加赞赏，就怀疑他收了礼才这么说的，所以不太相信岳飞的能力。偏巧岳飞来的时候弄脏了衣服，只好先换上张显的锦袍来见宗大人。宗大人见岳飞穿着华丽，以为他是富家子弟，没什么真本事，只知道用钱办事，很是生气，"啪"的一声大拍案桌，厉声说道："你花了多少钱来买官？"岳飞很平静，从容地把自己的身世和准备考试的经过说了一遍。宗大人一听岳飞是周侗的徒弟，就当场测试了岳飞的水平。岳飞的表现果然很不一般。宗大人又问了岳飞一些问题，岳飞也对答如流。宗大人十分满意，忙叫岳飞坐下，对他说："你真是国家的栋梁之才，只是你早三年来也好，晚三年来也好，现在来却不巧！"

岳飞道："大人为什么这么说？"

宗大人说道："有个藩王，名叫柴桂，是柴世宗的子孙，在滇南南宁（今云南曲靖），被封为小梁王，这次来京城想要夺取状元，于是分送了四份大礼给四个主考官：一个是兵部大堂王铎，一个是丞相张邦昌，一个是右军都督张俊，一个就是我。除了本官，其余三位考官都收下了礼。张邦昌私下已经把武科状元许给了这个小梁王。"岳飞知道了内情，就告别宗大人，心事重重地回到了住处。

第二天下午，宗泽悄悄派人送来酒菜，为岳飞接风，众兄弟坐在一起吃喝起来。岳飞闷闷不乐，喝下几杯酒就去睡了。不一会儿，汤怀、张显、王贵也喝多了，就地躺倒了。牛皋见他们都睡了，便溜出了旅店，四处闲逛。

11. 牛皋抢状元

牛皋走到街头，忽然看见对面有两个人说说笑笑地走了过来，一个穿白衣，一个穿红衣，看起来英姿勃勃，精神抖擞。一会儿两个人争执起来，吵得不可开交，最后要到校场比武，说谁胜了就可以当武状元。牛皋一听急坏了，心想："这武状元是我岳大哥的，怎么会让他们抢去？不如我先把他俩打败，把武状元留给哥哥！"

于是急忙赶回客店，见岳飞几个还在睡着，便拿了自己的双股铜，牵了一匹马出来，却不认识去小校场的路。这时正好有两个老头在门口坐着说话，牛皋向他们问明了方向，赶着去了。

再说小校场上，那两个人正在走马舞枪，打得不可开交。这时牛皋赶到小校场一看，大叫一声："状元是我大哥的，你们两个敢在这儿争？吃我一铜。"说完就直往白衣人头上打来。只见那二人你一枪、我一枪，左一下、右一下。这白衣人枪法高超，红衣人力大无穷。牛皋哪是他们两人的对手，被逼得气喘吁吁，无法脱身。

岳飞醒来以后，见牛皋和他的兵器不见了，连忙叫醒汤怀三兄弟，带上兵器，急忙出门寻找。他们一直找到京城校场，只听见牛皋大声呼喊。岳飞冲进校场，见两个好汉正围攻牛皋，于是大喊一声："不可伤了我兄弟！"两个人听有人进来了，撇开牛皋，一起转头向岳飞杀来。岳飞把枪往他俩的枪上一压，两杆银枪顿时落了地。这两个人慌了神，吃惊

地说:"武状元肯定是这个人的,咱们还是回去吧。"岳飞见他们要走,问道:"你们叫什么名字?"白衣人说:"我乃杨再兴!"红衣人说:"湖广罗延庆!"

岳飞拍拍牛皋,对他说:"兄弟,不可性急啊。武状元有私下抢夺的吗?"众兄弟听后,都大笑起来,牛皋满脸羞愧,接着就一起回客店去了。

12. 枪挑小梁王

明天就是十五，三年一次的比武大赛就要举行了。于是岳飞等几人晚上早早睡下，第二天四更时分，便起床梳洗装备好，早餐也来不及吃，就到校场去了。

众兄弟来到校场，只见校场上人山人海，拥挤不堪。岳飞几个便来到一个安静的地方坐下。站了一会儿，牛皋想起出门的时候，看见店主人在马后拴了什么东西，就往马后面一看。只见马鞍后面挂着一个口袋，他伸手向袋内一摸，摸到了数十个馒头和许多牛肉。这是店主人的常例，凡是有人赶考，恐怕他们来得早，等的时间长会饥饿，特意送给他们做点心的。牛皋迫不及待地拿出来吃了个精光。

不料，过了一会儿，王贵说："牛兄弟，我们肚子有些饿了，店主人送给我们的点心拿出来大家吃吧。"牛皋说："我以为大家都有吃的，刚才就把这些点心狠命地吃完了。"大家一听，都怪牛皋太贪吃。牛皋也主动承认错误，表示以后有东西大家共同分享。这时，留守宗大人派人送了酒饭来给他们填补肚子，几个人拜谢过后，一起吃起来。

天渐渐亮了，各省的考生都已经到齐，宗泽、张邦昌等四位主考官也已经在演武厅上就坐。宗泽知道三位主考大人想让柴桂得状元，就决定先考柴桂，传令叫柴桂上来。宗泽问柴桂："放着一个好好儿的藩王你不做，反而舍大求小，为什么要来夺这个状元？"柴桂被问得答不出话来。张邦昌见宗泽盘问柴桂，以为宗泽有意为难柴桂，便把岳飞叫上来泄愤。没想到岳飞说得有理有据,张邦昌便骂不出口,只好说:"好吧,就先考考你们两个人的本事。"于是便叫岳飞做"枪论",小梁王做"刀论"。两个人各自接受了任务,摆好纸笔,做起论来。这小梁王也是个才思敏捷的人,文笔工夫也很不错,只因被宗泽骂了一顿,气昏了头,一着急就做不出来。岳飞却早已做好,交了上去。小梁王见状,连忙草草地写了几行字,跟着交上。张邦昌一看小梁王的文章,连忙放在袖中;再看岳飞的文章,比他自己写得还好,便故意将卷子一扔,说:"这样的文章,也来抢状元?轰出去!"左右正要动手,只听宗大人喝道:"慢着!把岳飞的卷子拿来我看。"岳飞就把卷子拿给宗泽,宗泽细细看完,果然是好文章,暗想:"张邦昌这奸贼这么轻视才学,看重钱财。"便把岳飞的卷子也收在袖中,趁机讥讽了张邦昌几句。张邦昌听了,心中不由大怒,但因为心虚,所以说不出话来,只好命令他们两人再比试箭法,岳飞答应下来。

射箭比赛很快开始了,张邦昌命令岳飞先射,并暗地里叫人把靶子摆到二百四十步远,只见岳飞放出的箭好似天上的流星一般,九支箭连中靶心。小梁王一看心里发了慌,他不敢比箭,就向主考官提出要同岳飞比武,企图乘机砍死岳飞。

两人准备好后,小梁王气势汹汹地挥刀向岳飞砍来,岳飞只是用枪抵挡,并不还手。小梁王停手,掉过头向大厅跑去,说:"岳飞不是对手!"宗泽马上把岳飞叫到跟前,问明原因。岳飞说:"他是藩王,我担心误伤了他。求各位老爷做主,让我和他各立生死文书。"

宗泽点头同意，另外三个考官没办法，只好同意。小梁王心里打颤，可在众人面前也只好同岳飞写下生死文书，当下签名画押，互相交换。

比武很快开始了，小梁王提起金背大刀，向武场中心走来，岳飞手提银枪等着他。二人并不开口，突然小梁王照着岳飞头顶猛砍下来，岳飞挺枪还手，一连让他三刀。这时，小梁王认定他不敢还手，越砍越猛，恨不得立即结果了岳飞的性命。岳飞礼让三招后，再也忍不住了，只见他挑开小梁王的金刀，回过枪头，对着小梁王直刺过去，把他挑下马来，又一枪将他刺死。

张邦昌见小梁王被岳飞一枪刺死，大惊失色，喝道："快把岳飞绑起来！"在这千钧一发之际，牛皋兄弟四人一齐冲进武场，要保护岳飞。小梁王部下见主人已死，都吓得四处逃散了。

张邦昌见考生造了反，只好求宗泽做主，宗泽说："有生死文书在手，理应放了岳飞。"他下令放了岳飞。众兄弟在一片混乱中，护着岳飞拍马冲出校场。

13. 宗泽赠盔甲

岳飞兄弟几个逃出校场门，一直来到留守府的衙门前，一起下马。望着辕门大哭了一场，拜了四拜起来，岳飞对那把门的巡捕官说："烦请相告大老爷，说：'我岳飞今生不能报恩，等下辈子来效犬马之劳！'"说完就上马回到旅店，收拾行李，与主人算清了账，准备回乡。

再说众官员见武生们已各自散去，就吩咐小梁王的家将收拾尸首，然后一同来到午门。早有张邦昌来报："今科武场，宗泽的门生岳飞挑死了小梁王，以致武生都各自散去。"将罪过都卸在了宗泽的身上。幸亏宗泽是两朝大臣，朝廷虽然不高兴，但也不好定罪，只能将宗泽削职在家。

宗泽回到衙门，把门的巡捕禀告说："刚才有岳飞等五人，到辕门哭拜说：'只好来生补报大老爷的洪恩。'"宗泽听了，叹气道："可惜，可惜！"然后吩咐家将："快到里屋抬了我的卷箱出来，和我一起前去追赶。"家将劝说道："他们已经走远了，大老爷为何还要追赶？"宗泽道："你们哪里知道，当年萧何月下追贤，成就了汉家四百年的天下。今天岳飞的才能不比韩信差，况且现在正是国家需要人才的时候，怎么可以失去这个栋梁呢？所以我要追上他，吩咐他几句话。"众家将赶忙去把卷箱抬出来，宗泽又取了些银两，带领着众人一路赶来。

岳飞等出了城门，快马加鞭，急急赶路。牛皋说："到了这个地方还怕他什么，要这样急急忙忙地走？"岳飞说：

"兄弟，你有所不知，那个奸臣怎肯轻易放了我？只是因为恩师做主，担心我有不测，趁众人喧嚷之时，将我放了。我们如果不快走，那奸贼又会给我们惹出麻烦来。"众人齐声道："大哥说得对，我们快走就是了。"一路说，一路走，不知不觉天已经黑下来。

在离城大约有二十多里路的地方，忽然听到后面有人喊马嘶的声音，岳飞一惊，忙说："怎么样？一定是小梁王的家将们追过来了。"王贵道："哥哥，我们不如等他来，索性跟他做个了断吧。"正说话间，一个骑马的人飞一般跑来，大叫道："岳相公留步，宗大老爷来了。"

不多时，只见宗泽带了随从赶来。岳飞迎上去，道："弟子承蒙恩师的救命之恩，未能报答，如今逃命心急，所以没有当面告辞。不知恩师赶来有什么吩咐？"宗泽将自己被张邦昌奏上一本、削职闲居的事告诉了岳飞。众人听了，很是不安。宗泽道："你们不必介意，只恐朝廷放不下我。"随后叫人抬过卷箱来，交给岳飞，说道："老夫没有什么好东西，只有一副盔甲衣袍送给你，以表达老夫的一点心意。"岳飞缺少的正是盔甲，不觉大喜，叩头表示感谢。宗泽又道："你们虽然现在未取得功名，日后自会腾达，千万不可灰心。倘若奸臣败露，老夫必当上奏朝廷，力保你们能受重用。如今得不到'忠'，暂且回家去侍奉父母，尽个'孝'。文章武艺必须时时温习，不可荒废，误了终身大事。"众兄弟齐声回答说："大老爷的教导，门生怎敢不照着去做。"

随后，宗泽命人在不远处的旅店备下六桌酒宴。众人一齐坐定，边吃些酒，边谈论时事、讲些兵法。吃完后，岳飞又谢了，辞别上路。

14. 群英结义

岳飞兄弟五人离开汴京，奔回故乡。

宗泽、张邦昌等人来到皇宫禀告校场大乱之事。张邦昌告了宗泽一状，宗泽单口难辩，最后被皇帝削去了官职。

京城校场大乱、宗泽削职之事，很快传到了太行山金刀王善那里。王善一想京城已没有能人，这正是进攻汴京的好时机。于是他带领五万人马，假扮官兵，分三路向汴京进发。

太行山反军进攻，吓坏了当朝皇帝宋徽宗。他急忙召集文武大臣商议如何退兵，大夫李纲提议召宗泽入朝，派他领兵退敌。宋徽宗本不想重用宗泽，可国难临头，需要英才，也只好听了李纲的建议，让宗泽官复原职，率军退兵。

宗泽在校场上点齐人马，带领公子宗方一同出城。来到牟驼冈，一看王善的兵马足有五万余人，而自己所带兵马只有五千人，知道寡不敌众，就对儿子说："我自己单枪闯入敌营，待敌人大乱时，你即刻出战，或许能取得胜利。"说完，宗泽已拍马冲下冈。宗泽左冲右突，砍死不少山贼，但终因敌人太多，渐渐力不从心了。

正在危急之时，忽听营外喊声大作，只听人群中喊："我们中计啦！枪挑小梁王的岳飞杀进来了。"宗泽以为自己是在做梦，可一转头，真的看到岳飞已杀到这里来了。岳飞喊着："恩师，门生来迟了，请恕罪。"这时，汤怀、张显又从左右杀了进来。三人合力一处，保护着宗泽，在敌阵中杀出一条血路，一时间敌人大乱。

这时，官兵趁势杀了过来，王贵枪挑王善，敌兵四处奔跑，纷纷投降。

后来宗泽带着岳飞等五人去拜见宋徽宗，为他们报功。可张邦昌在皇上面前说岳飞闹武场有罪，现在只能将功赎罪。宋徽宗听了张邦昌的话，传下圣旨：岳飞将功赎罪。宗泽没有办法，只好让岳飞暂时回故乡，等待机会。岳飞五人向宗泽谢恩，离开汴京。

岳飞兄弟几个首战大捷，心情舒畅，一路上谈笑风生。突然他们见一伙商客慌慌张张地跑来，说前面有强盗。岳飞为了探明前边到底发生了什么事，就让汤怀去红罗山打听一下。汤怀来到红罗山下，看见一个汉子骑一匹红马，手里拿着一把大刀，挡在路中央伸手要过路费。汤怀挥舞银枪同那汉子交战了起来，一连战了二十多个回合，也没分出胜负。这时岳飞等几个人已经赶到红罗山，见二人正战得激烈，马上助战。这时又有几个骑马的汉子冲出来迎战，山道上一阵铃响，有一个戴白盔、披白甲、骑白马的人向岳飞杀过来。岳飞还没来得及问话，那人举戟便打，两人战了七八个回合。那人突然停了下来，问道："好汉，看你面熟，请问尊姓大名？"岳飞收起兵器答道："在下岳飞。"那人立即下马，说："原来是枪挑小梁王的岳飞！多有得罪！"

那人挥手向他的四个兄弟喊道："不必打了，都是自己人。"原来那五人是结义兄弟，也曾经到京城考过武状元，分别是施全、赵云、周青、梁兴、吉青。五兄弟表示愿意做异姓兄弟，投奔岳飞。于是岳飞兄弟十人一起回到汤阴县。他们整日操练武艺、谈论兵法，随时准备为国效力。

15. 金兵犯中原

大宋国的北边，有一个与它并存的国家，国号为金，也称做女真国。金国皇帝完颜阿骨打，生了五个儿子：粘罕、喇罕、答罕、金兀术和泽利。在完颜阿骨打的统治下，金国国力一天天强盛，总想着有朝一日夺取大宋江山。

有一天，金国的军师哈密蚩到中原探听消息回来，上朝报告刺探到的有关大宋国的情况。这个哈密蚩是个"中原通"，一直是完颜阿骨打的心腹。

哈密蚩笑眯眯地对主子说："狼主有千万之喜！"完颜阿骨打问："有何喜啊？"哈密蚩说："臣到中原探得宋朝已换了皇帝，钦宗继位，这小皇帝是个无能之辈，整日吃喝玩乐，不理朝政，宋朝边境又无良臣把守。我们如能抓住时机，进攻中原，夺取大宋江山指日可待。"完颜阿骨打听完以后特别高兴，当即封武艺高强的四太子金兀术为昌平王、扫南大将军，命令他立即率领五十万大军进犯中原。

金兀术带兵行走了一个多月，便到了宋朝地界。他所遇到的第一关叫潞安州。镇守此关的节度使叫陆登，是宋朝的名将，手下有兵五千多。一天，有探子来报：金兵大批人马已来到关口。陆登一面向两狼关元帅韩世忠求援，一面让手下将领赶快准备战斗，加强巡守。

金兵来到城下，在城外安下营寨，赶造云梯、攻城车等器械。过了几天，金兀术带着哈密蚩，点了五千人马，鸣号击鼓冲到城下。

陆登觉得形势严峻，把守城将士安排好后，单枪匹马出城迎战。金兀术见陆登独自一人来到阵前，高声喊："陆将军，快投降吧。我领兵五十万取关，你是守不住此关了。"陆登大喝一声："金兀术休得胡说，看枪！"说着，陆登的枪已向金兀术刺去，金兀术举起金雀斧招架。战了有五六个回合，陆登招架不住了，赶紧调转马头跑进城去，拉起吊桥，关上城门，把金兵挡在城外。这时，城上按预先制定的战术，乱箭齐发。金兵抵挡不住，死伤众多。金兀术一看自己吃了亏，连忙鸣金收兵回营。

金兵围城半个多月，却毫无进展。金兀术心里着急，天天攻城，陆登率军用檑木滚石守城，敌人伤亡惨重。战斗进行了四十多天，潞州城还是固若金汤。金兀术为此十分烦恼，哈密蜇见状急忙提个建议，劝他出外打猎散散心，不想正好抓住了韩世忠派来的送信人赵得胜。

哈密蜇一口气读完了韩世忠的信，眉头皱了皱，想出一条妙计。

第二天，哈密蜇扮作韩世忠的手下赵得胜的样子，将书信藏在身上，出营来到吊桥边，轻轻叫道："放下吊桥，有机密事进城。"陆登在城上见是一个人，便放桥让他过来。到了城下，哈密蜇又喊："快开城门，我有话要说。"城门没开，只是从上面放下一个大筐来。哈密蜇无奈，只好坐在筐内。那城上的军士便开始将他往上拉，快到城垛口便停住了，悬在半空。陆登便开口问他是什么人。这哈密蜇也曾到中原做过几次奸细，学了一口中原话，便编说了来意。

陆登一听他叫赵得胜，暗想："韩元帅手下确实有个赵得胜，只是从没见过。"便问了许多有关韩元帅的家事，来考考他。没想到这哈密蚩在抓到赵得胜时，早问得一清二楚，所以他丝毫不差地回答出来。陆登听完，便有几分相信了，便叫他把书信拿出来。陆登接过信来看着，忽然闻到书信上发出一阵羊骚味，大笑道："番贼，我差点儿被你骗了，快说，你是谁？"原来金人是只吃牛羊肉的，所以让陆登识破了。哈密蚩见事情败露了，暗想："这人果然厉害。"便说："我是大金国的军师哈密蚩，只因你守城难攻，所以才想出这个计策来。"陆登听后下令割下他的鼻子，放他回去。

哈密蚩用手蒙住自己的脸，逃回营中。金兀术一看，大吃一惊，忙问他是怎么回事。哈密蚩把事情的前后经过说了一遍。金兀术大怒，忙叫哈密蚩回后营养伤，心中想着一定要找陆登报仇。半个多月后，金兀术带着一千多人，要抢潞安州的水关。于是黄昏时候悄悄来到关下，准备偷偷地进水关。谁知水关早被陆登用挂着铜铃的网拦住，番兵不知，一碰到铁丝网，铜铃便大响起来。因此金兵全被抓住杀死了。金兀术没办法，只好收兵回营。等到夜晚，又带了一千兵马来抢水关。结果铜铃一响，金兀术便用斧子把铁丝网砍断，跳上岸来，见宋兵便砍，一路杀进城来。大批金兵跟着涌入城内，潞安州失守了。早有军士来报告："番兵已进城了。"陆登一听，连忙告诉夫人，城已丢失，自己决心为国尽忠。于是把三岁的独生儿子托付给奶妈，然后自杀了。夫人也拔剑自尽。

奶妈收拾好东西刚要逃走，金兀术已闯了进来，见陆登夫妇已死，眼前这妇人抱着一个孩子，便问是什么人。妇人道:"这是陆老爷的公子,我便是这孩子的奶妈。"金兀术一听,便流下泪来,心想:"陆登是忠臣,我不绝他后代。"便下令将孩子送往金国,抚养成人。

16. 痛失两狼关

金兀术占领了潞安州后，便率领大军向两狼关进发。

两狼关总兵韩世忠加强了防守，忽听探子来报："汴州节度使孙浩领兵绕过本关，杀进番营去了。"韩世忠听后十分气愤，转身进了大堂。韩世忠夫人梁红玉进入大堂，对韩世忠说："孙浩虽然想领兵绕关抢头功，但为了国家，我们还是应该去支援他。"韩世忠听了夫人的话，准备派自己的大儿子韩尚德领兵出战。

韩尚德年轻气盛，他迅速领兵出营打探虚实。当他杀入敌营的时候，孙浩的兵马已经全军覆没，韩尚德不顾一切，沿路砍杀，番兵像群蜂一样，团团围了上来。韩尚德的兵马在外圈等了半天，不见他出来，以为他已战死，就派人回去报告韩世忠。韩世忠听到儿子丧命的消息，气得双眼怒睁。他立刻骑上青鬃马，单骑直入番营。金兀术见韩世忠也杀了进来，高兴地大笑起来，马上传令把他们父子围困在营中，然后发令乘机夺取两狼关。

番兵把韩氏父子围了个水泄不通，宋兵以为元帅也死于敌营，就跑回去报告梁红玉。梁红玉强压心头悲痛，马上调兵遣将，部署作战。她叫过奶公、奶娘，将年幼的二儿子交给奶娘，说："你们两人收拾金银珠宝，带上这封信，骑马先出关去吧。"交代完后，梁红玉带领家将来到两狼关城楼上，亲自指挥将士们守城。然后梁红玉率领部分兵马出关，对着金兵列开阵势。金兀术一见披着红战袍的女将，英姿勃勃，不禁暗暗喝彩："果然是女中豪杰，名不虚传。"双方通报了姓名，金兀术劝梁夫人快快投降金国，以保全家团圆。梁红玉满腔愤怒，拍马舞刀冲出阵去，金兀术挥刀抵挡。双方大战十几个回合，梁红玉渐渐力不从心，拨马撤回。金兀术趁势追赶梁红玉，当快近关口时，梁夫人高喊一声："放！"很快山口上的众将点燃了大炮，可谁都没有料到大炮会自行爆炸，把两狼关炸开了一道豁口，金兀术趁势杀进关里。梁红玉见大势已去，拍马离开两狼关。她来到一片树林里，正要进去歇息，只听见林中传来喊声："夫人快进来，公子在此。"梁夫人定睛一看，正是奶公、奶娘。梁夫人下马，抱着公子大哭起来。

再说韩元帅与大儿子韩尚德被番兵困在营中，因为番兵占领了两狼关，都忙着进关去了，所以围困他俩的番兵渐渐稀少，两人便趁机拼命冲出营来，看到两狼关已失，便也往林中逃去。于是一家人在林中巧遇，真是又惊又喜。韩元帅忙问夫人是怎么失关的。夫人便把发生的事情详细地说了一遍。元帅听后，只得带了全家到京城等候圣旨。韩元帅失守两狼关，因为往日有功才免去死罪，削职为民，回陕西老家去了。

接着，金兵杀向河间府。河间府节度使张叔夜听说潞安州和两狼关都已失守，知道自己也守不住，就打开城门投降。金兵轻而易举地夺取了河间府。张叔夜的两个儿子张立和张用见了，愤愤地离开家，独自去杀金兵。

金兵很快来到黄河口，在那里扎下营，造船准备渡河。消息很快传到京城汴梁，钦宗一听大惊，忙让宰相张邦昌想办法。于是，张邦昌任命李纲为元帅，宗泽为先锋，带五万人马赶往黄河退敌。宋军人马在黄河沿岸设防。

17. 冰冻渡河

金兀术派燕子国的乌国龙、乌国虎二人前去河间府，找来了船匠，备好了木料，在黄河口搭起厂棚，打造船只，准备渡河。李纲探听得知，就让张保领了数十只小船，保卫黄河口，以防止金人奸细过河窥探情况。那天张保暗想："听人说金兵有五六十万，不知是真是假，我不妨过河去探听个消息。"于是在黄昏后带领了十几个水手，放了一只小船，趁着星光，摇到对岸，把船藏在了芦苇中间。

到了五更，张保腰间挂着一把短刀，手提铁棍，跳上岸轻轻走到营前，见有许多金兵在那里打盹。张保一手抓一个夹在腰里，飞跑出去。来到一个树林中放下，要问他消息，哪晓得夹得重了些，只见那人口中流血，一会儿就死了。张保自言自语道："真晦气，拿了个不抵事的。"一面说着，跳转过来，又抓了一个。那金兵正要叫喊，张保拔出短刀轻声喝道："你敢出声，我一刀杀了你！"然后飞跑来到林中，放下他问道："你实话说来，你们有多少个营寨，离这儿有多远？"金兵道："共有四个营寨，离这个地方有三十里。你刚才拿我的地方，是先行官黑风高的。"张保又问："那边的呢？"金兵道："这是元帅乌国龙、乌国虎的，在这里监造船只。"张保问得很清楚了，说声"多谢你"，劈头一棍把金兵打死了。

张保转身飞奔到黑风高的营前，大叫一声，然后举起棍子冲进营中，逢人便打。金兵阻挡不住，被他打死的有无数个。他拔出短刀，割下许多人头，挂在腰间。回身又来到船厂里，正值众船匠五更起来，煮饭吃了，等天亮赶工。不料被张保劈头盖脸打来。有命的逃得快，走了几个；没命的呆着看，做了肉泥。张保顺便从外面抱来些柴火，用火点着，把船厂给烧了，然后来到河口，跳上船，摇回去了。

这里金兵急吼吼地到营帐中来禀报。黑风高吃了一惊，连忙起来收拾尸首，安置受伤的小兵。又有一个金兵飞报元帅道："有一个蛮子把船匠都打死了，木料船只都被他放火烧得干干净净。又打到先锋的营帐中，割下了许多人的首级，过河去了。"乌国龙道："他带多少人马来？何时离开的？"小兵道："只一个人，去了不多时。"随即乌国龙、乌国虎带了兵将，直追到黄河口。但见黑雾弥漫，白浪滔天，又没有船只可以渡过去。他两个是性子急躁的人，不觉怒气填胸，大叫一声："气死我了！"但又无可奈何，只好派人重新置办木料，召集船匠，搭建厂棚赶造。

张保来见李纲，给自己报功。李纲大喝道："什么功？你不听军令，擅自冒险过河，倘若被金兵杀了，岂不是白送性命，损我的军威？以后再这样，必定治你的罪。"张保叩头拜谢，走出营寨，乐滋滋地说："虽没有功劳，却是被我杀得快活！"仍旧回到黄河口边去把守。

不料这些天，猛然刮起大风，连日不止，天气非常寒冷。金兵个个穿上皮袄都抵挡不住严寒，宋兵越发冻得个个发抖。再加上连日阴云密布、细雨纷纷，把个黄河连底都封冻了。金兀术在营中问军师道："天寒有什么造化？"军师道："臣曾听得当年郭彦威取刘智远的天下时，也是8月，天气寒冷，冰冻了黄河，大军方可过河。现在狼主可派人到黄河口去打探，倘若黄河冻了，那么汴京就在我手掌之中了。"金兀术听了，十分高兴。

不一会儿，金兵来报，果然黄河连底都冻了。金兀术不等船只造齐，就带兵从冰面上冲杀过来。宋营中兵将都是单衣铁甲，挡不住寒冷，听说金兵过河，出营一看，果真见金兵势如潮水、汹涌而来。但为了保住黄河口，宋兵不怕严寒，拼命抵抗，奋勇杀敌，怎奈敌兵太多，最后纷纷败退。李纲、宗泽只得带着残兵逃回汴梁。两人还没进城，得到消息的张邦昌就已传旨将两人革职，贬为平民。

18. 奸臣得势

公元1125年10月,金朝大队人马向北宋都城东京(今河南开封)逼近。吓得宋徽宗在年底就让儿子宋钦宗当上了皇帝,自己做了"太上皇"。

宋钦宗执政后,在抗金问题中,朝廷内部分成两派,即投降派和主战派。其中主战派的代表人物是进士出身、当过太常少卿的李纲。最后,宋钦宗任命他为尚书右丞兼东京留守,抗金事务都由他负责。

李纲上任三天后,就把防守东京的准备工作都做好了。他安排了精锐的部队埋伏在都城四周,各种守城的武器都布置妥当,做好了与金人随时开战的准备。

第四天,一队金兵计划对东京的宣泽门发动攻击。他们乘着几十只战船顺河而下,李纲选出了两千名精英,驻守城下。金兵的战船被精英们用长钩钩住,动弹不得。在城墙上埋伏着的士兵,搬起大石头向敌船狠狠砸去。

金兵不死心,向其他城门发动进攻。在李纲的指挥下,宋军勇往直前,把进攻的敌人多次击退。金军不仅没有获得胜利,还损失了不少武器装备。

东京严密的防守,再加上金军攻城武器被烧,使金军主将失了信心,于是他派人向宋朝议和。懦弱的宋钦宗不理李纲的极力反对,还是答应了议和,给了金朝大量的黄金和土地。

宋朝各地援军在和谈之后到达东京,增强了宋军的实力。其中一个叫做姚平仲的宋军将领，在夜间独自率领一支部队去偷袭金军大营，想要将金军主帅活捉。不料却中了金兵的埋伏，大败而归。

朝廷内的投降派抓住这次机会，让李纲承担了失败的所有罪责，并将李纲撤了职。

这个消息传到东京城的军民耳朵里，他们气愤万分。太学生陈东带领着大家把皇宫团团围住，要求让李纲复职。宋钦宗迫于无奈，只好答应。复职后的李纲，对东京的防备做了进一步的加强，金军见讨不到什么便宜就撤了兵。

金军一撤退，朝廷上的投降派又得了势。他们把各地援军解散，还把李纲也派到了外地。不久，金军再次发动进攻，很快东京就被攻陷了。金兵还俘虏了宋钦宗和他的父亲宋徽宗，这就是历史上有名的"靖康之难"。

19. 二帝被俘

金兀术领着大军浩浩荡荡直奔黄河而来，一路上如入无人之境，金兵很快就攻到了宋朝的都城。

宋钦宗见金兀术亲自围攻，大惊失色。这时候张邦昌向皇上建议：送礼求和。钦宗想不出办法来，只得同意。

张邦昌来到金营，见了金兀术大喊千岁，跪地求和。金兀术见张邦昌是个地道的奸臣，就收买了他，问他："你能不能给我想出一个办法来，怎样才能得到宋朝的天下？"张邦昌很诡秘地回答道："大王，你只要绝了宋朝皇帝的后代，就能得手。您可以提出要一位太子做人质才可以退兵。"于是，金兀术派两名官员跟张邦昌一同回去。

张邦昌把与金兀术商量好的话对宋钦宗说了一遍。宋钦宗很为难，就去找太上皇商议。宋徽宗听了，伤心得直掉眼泪，说："事情已经这样了，只好叫你兄弟赵王去了。"赵王只有十五岁，宋徽宗不放心，就问众官员谁愿意送赵王去金营，新科状元秦桧主动应承下来。

秦桧带着赵王跟随张邦昌一道去了金营。金兀术手下有个叫蒲芦温的将士，长得很凶蛮，一脸的横肉。金兀术叫他带赵王进来，他却一把将赵王从马上揪下来。谁知这一揪，竟把赵王给吓死了。金兀术很生气，让秦桧留下来把赵王的尸体埋了。张邦昌一看事情办糟了，回去后谎称：赵王自己一不小心从马上摔下来，死了。并且还说金兀术坚持要康王赵构做人质才肯退兵。宋徽宗只得派人护送康王到金营。

金兀术见康王长得很英俊，非常喜欢他，就对他说："你不如拜我为父。我如果夺得江山，还让你做皇帝，怎么样？"康王没有办法，就勉强走上前，拜金兀术为父。

第二天，张邦昌对金兀术说："为表示我对大王的忠心，我还要将徽宗、钦宗两位皇帝送给大王。"于是他阴险地一笑，上前对金兀术耳语了一番。金兀术非常高兴，叫他赶快去办。

张邦昌回城，见到两位皇帝，说："金国人说康王只是个亲王，还要五代先王的牌位才行。"两位皇帝听后，大哭了一场，然后叫张邦昌拿走。张邦昌却说："必须您二人亲自送去才行。"两位皇帝不知是计，就亲自捧着牌位出了城。没想到他们一到金营就被抓了起来，成了俘虏。

金兀术派人将两位皇帝押送到金国去。因担心宋朝各省救兵赶来救援，金兀术让张邦昌守城，自己率军回了黄龙府。徽、钦二帝被押往五国城，囚禁在一口枯井里。

20. 崔孝救主

一二十天后，金兀术大兵回国，拜见父王说："臣儿进军中原，势如破竹。"老狼主大喜。又传下旨令，命令官员分头前往各国借兵，约定来年新春一同二进中原。

再说当年宋朝代州雁门关，有个总兵，名叫崔孝，北方失陷后，他就一直呆在那儿，已经有十八年了。他善于医马，因此在金营里四下往来，与那些金兵将领个个熟悉，倒也过着悠闲日子。这天听说二帝被囚于五国城内，便拿了两件老羊皮袄子，烧了几十斤牛羊脯，又带了几根皮条，来到五国城，对那些看守说："我的旧主，听说在这儿，望各位兄弟做个人情，放我进去见他一面，也尽我的一点忠心。"众看守道："如果是别人，哪里肯放他进去？因为是你，我们常有麻烦你的时候，就放你进去看看。但是一定要快出来。"崔孝道："那是当然。"

一看守开了门，放了崔孝进去。崔孝一边走，一边喊道："主公在哪里？主公在哪里？"叫了半天，也不见有人答应，自言自语道："你看这儿有许多土井，叫我到哪里去寻找？"崔孝本来年纪就大了，加上从早上到中午这半天工夫，确实有些走不动了，腰也酸痛了，只得倒在地上睡了。忽然听得有人在叫："王儿。"又听见一声："王儿在此。"崔孝高兴地说道："好了，在这里了。"便大声叫道："万岁，臣是代州雁门关总兵崔孝。没有什么宝贝可敬，只有些牛羊脯和两件皮袄，愿主人龙体安康！"说完，便用牛皮条把衣服和食物捆好，送下井去。二帝接了，说道："难得你一片好心。"崔孝问："中原还有什么人？"二帝道："只因张邦昌卖国，将赵王带入金国，途中从马上摔下跌死；只有一个九殿下康王，又被他逼来作人质。"崔孝道："既然有九殿下在此，主公可写下一道诏书，给我带出去，倘若能相遇，好叫他逃往本国，起兵救主公回国。"二帝道："又没有纸笔，叫寡人怎么写诏书呢？"崔孝急忙说道："臣该万死，自认为主公可降一道血诏。"二帝听了，放声大哭，只得将白衫用力扯下一块，咬破指尖，血书数字，叫康王逃回中原即位，重整江山。写好后就捆在皮条上。崔孝吊起来，藏在夹衣内，哭了一场，辞别二帝。二帝哭道："朕父子俩被关押在此，举目无亲，今日见到你如同见到了至亲。可刚说了几句话又要告别，岂不叫我伤心难过？"崔孝道："主公保重龙体，臣如果在这儿，必定会常常来看陛下。"说完，赶忙别了二帝出来。

众看守见了，大喝一声，说："崔孝，你干的好事！"命令小兵将他绑去杀了。崔孝大叫喊道："老汉无罪！"看守道："我念你医马有功，通情放你进去，为何到现在才出来？倘若被狼主知道，岂不连累我们？"崔孝道："里面陷阱太多，没处寻找。况且老汉有了些年纪，行走不动，因此耽搁了点时间。望看守饶罪！"看守念在崔孝的旧情分上，饶恕了他。崔孝飞跑回去。以后崔孝每天仍往各营中去看马，留心打听康王消息。

到了七月十五日，金兀术传令搭起芦棚，宰杀牛羊祭祖。众王爷早已齐集到这儿侍候。只见金兀术坐了火龙驹，后面跟着一个王子，崔孝也跟在后头，因为崔孝早已打听到这位王子就是康王。

金兀术望北遥祭完毕，众人回到营中摆好酒宴，席地而坐，吃起酒来。可九殿下坐在下面，独自流下泪来，心想："这些蛮人，尚有祖先。独我二帝蒙尘，宗庙毁坏，岂不伤心？"金兀术见那康王眼含着泪，不吃不喝，便问道："王儿为何不饮呢？"崔孝听见，连忙奏道："陛下一定是因刚才路途遥远，感觉疲劳，所以不想喝。"金兀术道："既然如此，你扶殿下到后营休息吧。"崔孝领命，扶了康王回到本帐中，低声说道："二帝有旨。"崔孝迅速在夹衣内拆出二帝的血诏奉上。这时有小兵来报："狼主来了。"康王慌忙将血诏藏在贴身处，出营来接。金兀术进帐坐下问道："王儿好了吗？"殿下忙谢道："父王，臣儿感觉好些了，多谢父王挂念。"正说话间，只见半空中一只大鸟落在对面的帐篷顶上，朝着营中叫。康王道："这是一种怪鸟。我们宋朝常有，见到它就不吉利。它好像在那里骂父王。"金兀术怒道："我将它射下来。"康王道："父王就赐予臣儿射下它吧。"金兀术道："好，就看王儿箭法如何？"康王站起身，拈弓搭箭，一箭射去。那鸟被射中，带了箭就飞。崔孝忙把康王的马牵过来，叫道："殿下，快上马追去。"

这康王跳上马，随了这鸟追去。崔孝执鞭赶上，跟在后面。等金兀术反应过来，他们已经跑得很远了。康王终于在第二年的春天逃回了中原。不久，康王正式继承了大宋的皇位，史称宋高宗。

21. 岳母刺字

岳飞同施全他们整日在家练武，可没想到这一年汤阴县瘟疫盛行，王员外夫妇、汤员外夫妇都因染上瘟疫去世了。又遇上天大旱，粮食很少，价格昂贵，经常吃了上顿没下顿。牛皋熬不住清苦，在外面惹是生非，把牛老夫人也给气死了。岳飞当年正好二十三岁，已有两个儿子，一个女儿，大儿子名叫岳云，十分孝顺。一天，岳飞正准备到武场练枪，忽见牛皋众兄弟边说边笑地走过来，便问："众兄弟要到哪儿去？"牛皋道："大哥，这几日没吃没穿的，实在难以忍受。"

原来他们几个因日子清苦，便想去抢劫。岳飞一听，大怒道："我多次劝你们不要取不义之财，你们就是不听我的话，将来不论你们得了富贵，还是被官府抓去了，我岳飞都与你们无关。"说完，用枪在地上狠狠地画了一条短线，说道："众兄弟，我从此和你们画地断义。你们各自珍重吧。"说完转身就走。几个兄弟很无奈，纷纷上马，奔太行山去了。岳飞十分难过，流下泪来，也无心练枪，便回家去了，在房里闷坐着。岳母看见儿子心中难过，问明缘由，又安慰了他一番。母子两个人正在说着话，忽然听到有人敲门。岳飞把门打开一看，见有一个人，此人二十多岁，一见岳飞，倒头便拜，说："特来相投，学些武艺，情愿与岳飞结为兄弟。"来人名叫王佐，湖广人。岳飞非常高兴，与他八拜结义。王佐从包袱里取出十锭马蹄金、几十粒大珠子、一件猩红战袍和一条羊脂玉珑带。岳飞见王佐有这么多财宝,十分惊讶。王佐这才开口说:"如今跟杨幺共起大义,主公久慕大哥文武全才,特请大哥前去。"岳飞一听,正色道:"我虽不才,但生在宋朝,要为朝廷出力,怎能投奔反贼?"王佐只好拱手告辞。

  王佐走了以后,岳飞便将刚才发生的事向母亲说了一遍。岳母听完,便吩咐在中堂摆下香案,叫儿子拜过祖宗,然后跪好,又命媳妇磨墨。岳母道:"你今天做得很对。但是将来我死后,担心你一时糊涂,做出些不忠于国家的事来,这不是把你半世英明都毁了吗?所以今天我要在祖宗面前,在你背上刺下'精忠报国'四个字。你能做个忠臣,流芳百世,我就是死也放心了。"说完岳母提笔在岳飞背上写下了"精忠报国"四个大字,然后手里拿着一根绣花针,顺着墨迹一针一针扎下去。岳飞眼含热泪,拜谢母亲的训子之恩。

22. 召英雄岳飞

康王于当年五月初一在金陵即位，大赦天下。于是召集四方兵马，李纲、宗泽等节度使及总兵都来护驾勤王。各地听到风声，也都陆续解送粮米来接应。

汤阴县徐仁听说新君即位，亲自下乡催缴粮米；又劝富户乡绅凑足了一千担粮食，亲自解送。一路上克勤克俭，到了金陵，吩咐众人将粮车在空地上停住。走到辕门前，见了中军官，道："汤阴县解送粮米到此，烦请禀报。"不多时辰，王渊元帅传令进见。徐仁不慌不忙，走到阶下，躬身禀报道："汤阴知县徐仁，参见大老爷，特送一千担粮米到此。"王元帅看了大喜。叫左右取了五十两白银送给徐仁用作路费。徐仁拜谢，上马而去。

王元帅忽然想起一件事，忙命令左右道："快去给我叫徐县官转头来！"徐仁回来，参见过后，王元帅说道："本帅请你转来，并非别的事。本帅早就听说贵县有个岳飞，如今怎么样了？贵县一定知道他的详细情况，所以请贵县回来问个明白。"徐仁道："禀告元帅，这岳飞只因在武场内挑死了小梁王，功名不就。后来又在南薰门力剿太行山的强盗，皇上只封他为承信郎，他不肯就职。如今闲居在家，务农养亲。"元帅道："既然如此，请贵县屈尊在驿馆中住一夜，等明天早上一同去见驾，保举岳飞，聘请他前来为国家效力，怎么样？"徐仁道："如果能得到大老爷保举，也不负了他一生的才学啊！"

第二天清晨，王元帅带领徐仁一同到午门。元帅进朝奏报："相州汤阴县徐仁解送粮食到这儿。臣问到了当年岳飞的情况，岳飞这个人文武双全，堪称为国家栋梁，臣愿陛下聘请他前来共扶社稷。为此带领徐仁在午门听候旨意！"宋高宗闻奏，便道："当年岳飞协同宗泽铲除了金刀王善，果然功劳很大。无奈父王听了张邦昌的谗言，以致埋没了贤能之人，孤家早已知晓。宣徐仁上殿听旨。"徐仁随后奉旨进殿，朝见完毕。宋高宗道："那岳飞贤士，朕早已知他是文武全才，只是被奸臣蒙蔽，不得重用。今天朕想要聘他前来同扶王室。孤家刚登王位，不能远出，你可代替朕走一趟。"随即传旨，将诏书和聘请岳飞的礼物交给了徐仁，又赐给徐仁御酒三杯。徐仁谢了恩，回汤阴县聘请岳飞。

徐仁带领了众多衙役，抬了礼物来到岳家庄叩门。岳飞开门一看，认得是徐县官，就请进中堂。徐仁便叫道："快摆香案接旨！"岳飞听了大喜，连忙跪下。徐仁将圣旨宣读完毕，命令岳飞即日往京城任职，率兵讨伐金贼。岳飞双手接过圣旨，供在堂屋中央。徐仁道："军情紧急，近日就要动身。我在此等候，你可将家事料理料理。"

岳飞请徐仁坐定，将聘礼收进后堂，请母亲出来坐下，李氏夫人站立在一旁。岳飞向母亲禀告说："当今九殿下康王在南京即位，特赐予金帛，命徐县官前来聘召孩儿。近日就要起身，在此拜别。"岳母道："我儿！做娘的但愿你此去为国家出力，勿念家乡。你能尽忠报国，名垂青史，我的心愿就满足了。切记切记！"于是岳飞拜谢了母亲，随徐仁到了建康，被朝廷封为统领，派到大元帅张所那里听令。张所见岳飞报到，十分欢喜，让他担任先行官，命他挑选八百精兵。

23. 青龙山告捷

金兀术在河间府听说康王在金陵即位，大怒，派金牙忽、银牙忽两个元帅，各领兵五千为先锋；又请他的大王兄粘罕、元帅铜先文郎领兵十万，直接杀向金陵。

这时，岳飞同结拜兄弟吉青，正领着八百兵马，来到八盘山，忽然听到军士来报："番兵的先锋已来到这里了。"岳飞看这座山的路很是崎岖，心中有数，便吩咐众兵准备好弓弩，埋伏在两边；又吩咐吉青去把敌兵引过来。

吉青领了任务，带了五十人马，上前引敌。那些番兵一看吉青才有几十个人，都哈哈大笑，吉青抡棒就打，金牙忽忙举刀招架，战了三个回合，吉青便假装打不过，回马就走。两员番将见吉青要逃，哪里肯放手，就带兵一直追来。当敌兵一进岳飞早设计好的伏击圈，埋伏在两边的军士就一起放箭，把番兵截住一大半，首尾不能相顾。金牙忽正想转身找路逃跑，只见岳飞挥舞着沥泉枪，冲下山来截住金牙忽厮杀。银牙忽正要上前助战，被吉青回马拦住。于是两军边观战边呐喊，山谷回应，声似雷鸣。金牙忽不知宋军到底有多少人马，心里惊慌，手一松，被岳飞一枪刺死，滚下马来。银牙忽吃了一惊，也被吉青一棒将天灵盖打碎了。那些番兵被杀死了三千多，余下的赶忙逃命去了。岳飞取下两番将的人头，命吉青送到刘豫军前，转送到大营去报功。

刘豫满口答应吉青一定给他们报功，他拿了金牙忽的首级，去禀报张所，却把战功记在了自己名下。

刘豫走后，中军胡先若有所思地对张所说："岳飞领队，未曾败敌，怎么第二队的刘豫杀败番兵，得了头功？"胡先一提醒，张所有了疑惑，他怀疑刘豫冒功，于是派中军胡先前去查访。

胡先扮成兽医，黄昏时候来到青龙山，他躲在一棵大树后，细细观察起来。这时金兀术的王兄粘罕率领十万兵马来到青龙山，他听说青龙山有宋兵把守，便下令在此地安营垒灶，生火做饭。

岳飞早在青龙山埋下伏兵，等待粘罕杀来，给他个出其不意。不料粘罕停滞不前，还生火做饭。岳飞为了引敌出动，单人独骑杀下山来。不一会儿金兵被岳飞搅成了一锅粥，军士赶快报告粘罕。粘罕气得浑身发抖，提起铜锤，率众将一起杀出营来，把岳飞团团围住。

岳飞左砍右杀，朝一个方向突围，然后向山间退去。粘罕大怒道："几万大军连一个南蛮都捉不住，将来怎么取得中原？"他命令三军追杀岳飞，踏平青龙山。

金兵像马蜂一样，铺天盖地涌向青龙山。忽然听得一声炮响，地动山摇，两边埋伏的宋军一齐杀出，火箭、火炮从四面飞来。金兵人马相撞，自相践踏，死的死，伤的伤，剩下的各自逃命去了。

金将铜先文郎和众人保护着粘罕，从小路逃命。他们来到一个小山涧中，正想通过溪涧时，只听一声巨响，河水汹涌而来，只见金兵人马被洪水冲到下游。粘罕在众将的保护下好不容易过了小溪，又被吉青挡住去路。铜先文郎急忙同粘罕换了衣服，拿上兵器同吉青交战，粘罕乘机逃走。

吉青与铜先文郎战了几个回合，将他活捉。吉青以为抓住的是粘罕，于是急急收兵到岳飞那儿请功去了。岳飞仔细盘问铜先文郎，发现抓来的并不是粘罕，就责怪吉青中了粘罕的金蝉脱壳之计。吉青懊恼不已，押着铜先文郎去后营报告刘豫去了。刘豫听说岳飞八百壮士战胜金兵十万人马，抢先派人向张所报功。

胡先在宋、金青龙山大战中看得一清二楚，他把事情报告了张所。张所听了十分气愤，当下派人去传刘豫，准备追究他冒功之罪。不料走漏了消息，刘豫马上释放了铜先文郎，去金营投降了。

24. 岳飞挂帅

刘豫投降金国以后，张所写了奏章，说刘豫降金、岳飞杀金兵立了大功。宋高宗看了奏章后下旨：命张所防守黄河，同时加封岳飞为都统制，同守黄河。张所命岳飞向北扎营守卫，自己则带大军收复汴京。

当时张邦昌在汴京，被金国封为大楚皇帝。张邦昌听见宋兵来攻打汴京的消息，就想出一条诡计来，利用后宫娘娘献出大宋玉玺。后宫娘娘在他的蒙骗下，把大宋玉玺交给了宋高宗。

张邦昌带着自家老小出了汴京，径直奔向建康。宋高宗以他献玺有功，便封他为右丞相，但并不给他实权。

张邦昌为了夺取宋朝江山，又把身边侍女荷香送给宋高宗，设法引诱宋高宗不谋朝政。

左丞相李纲对张邦昌早有提防。一天，他同夫人说起张邦昌献玉玺及美女的险恶用心。说话之间，见有一个人在窗外偷听，原来是他的家丁张保。李纲对张保说："你跟随我多年，我一直对你很信任。到如今你也应该有所作为了，我就举荐你去岳飞都统制那里效力如何？"张保很是高兴，谢过李纲，当即提起混铁棍，赶往黄河，拜见岳飞。岳飞收留了张保。

张邦昌在送给宋高宗玉玺之前，已经私自用玉玺印了许多空白圣旨，准备日后假传圣旨用。宋高宗有急事要传见岳飞，张邦昌却把圣旨扣了起来，让岳飞犯抗旨之罪，以引起宋高宗的不满。过了一段时间，张邦昌用他的假圣旨传岳飞，让他立即回朝面见皇上。

岳飞安排好营中事务后，就与张保一道出发去金陵了。途中，两人遇上了好汉王横。王横听说来者是抗金英雄岳飞，便要与二人一道上京城。

三人到达京城时已是傍晚，刚到城门口，正巧遇到张邦昌的轿子经过。张邦昌看见岳飞，停下轿子，假心假意对岳飞说："你不要记着当年武场之事，我们应以保卫国家为重任，现举荐你进京为帅，一起去见皇上吧！"

黄昏时分，张邦昌领着岳飞走进皇宫。他吩咐岳飞在楼下等候，却自己一个人进宫去了。原来张邦昌已串通好荷香，准备谋害岳飞。岳飞不知是计，独自一人站在楼下等了好长时间，终于看见一排宫女提着宫灯走来，他赶快走上前伏地，口称："岳飞接驾！"话音刚落，一旁的娘娘大叫："抓刺客啊！"两边卫士一起冲过来，捉住了岳飞。娘娘斜着眼睛看着岳飞，厉声说道："若是岳飞，应该立即斩首，上次宣召进京，他违旨不来；今天无故潜入深宫，不是图谋行刺又是什么？"岳飞开口争辩，但无济于事。宋高宗这时正被荷香用酒灌得迷迷糊糊，于是就说："快快把岳飞绑出午门斩首。"

张保、王横一直在午门外等候，正着急时，见岳飞被绑着出来了。张保上前问："老爷为何被绑？"岳飞说："连我也不清楚。"张保急忙去找李纲，有李纲出面，这才暂时保住了岳飞的性命。

岳飞遭到奸臣陷害的消息不胫而走，一直传到太行山。

在太行山占山为王的正是牛皋、汤怀众兄弟,他们听说岳飞被奸臣所害,各个怒发冲冠,率领人马杀向京城。

守城官兵见有一队人马气势汹汹地杀来,急忙上殿报奏宋高宗。宋高宗慌了手脚,连忙派都督张俊领兵出城迎战。牛皋一马当先,挥铜杀向张俊。张俊哪是牛皋的对手,刚战了几个回合,就败退回城。

宋高宗一看张俊败退回来,更是着了慌,连忙召集各位大臣商议。这时,李纲、宗泽大力保举岳飞出城退敌。宋高宗虽不情愿,但大敌当前,只好同意召岳飞上殿。岳飞说出了遭张邦昌陷害的经过,宋高宗得知真实情况后,不由大怒,将张邦昌削职为民,赶出京城。

岳飞披挂出城,一看是过去的众兄弟,不由得欣喜若狂。众兄弟将自己捆绑起来,听凭岳飞发落。岳飞把众兄弟报国抗金的心愿报奏宋高宗,宋高宗听了深受感动,当即传旨松绑,封牛皋、汤怀等人为副统制,并加封岳飞为副元帅,令他们领兵抗金。

25. 大战爱华山

岳飞被提升为副元帅，领兵十万北征，来到爱华山。岳飞心想："这山地形很特殊，正好可以埋伏人马！如果将番兵引到这里来，一定能杀他个片甲不留！"

正在这时，吉青求见，将两淮节度使曹荣投降番贼、献出黄河一事向岳飞禀报。岳飞大吃一惊。于是便令吉青想方设法把金兀术引到这里来，将功赎罪。吉青领了命，独自一人走出军营，骑上战马，寻找金兀术去了。随后岳飞传令，叫张显、汤怀、王贵、牛皋、周青、赵云、施全、梁兴八位将领，各自带上兵马，分头在爱华山四面埋伏，等候捉拿金兀术。

吉青拍马出山，到金兀术营地后，对着营寨大声叫骂，并表示要与金兀术决一死战。金兀术见吉青叫骂，不由大怒，向吉青追来。吉青招架了几下，转身就往山谷口跑去。金兀术跑到山口停了下来，然后吩咐哈密蚩回去调兵，自己追进山谷。

金兀术追进了山谷，感觉不妙，正想调转马头，退出山谷，只听见一声炮响，岳飞一马当先冲了出来，两人立刻交战了起来。

哈密蚩跑回后方营地报告粘罕，粘罕急忙集合军队，杀向爱华山山谷。牛皋、王贵堵住山口，同金兵厮杀起来，竭力挡住他们进山谷的路。山谷里的金兀术渐渐招架不住，岳飞却越战越勇，他趁势一手持枪架住金兀术的斧子，一手抽出银锏,打在了他的肩膀上。金兀术痛得大呼一声,转身向谷外逃去。岳飞一看,急忙指挥各路兵马,乘胜追击,金兵大败而逃。后来岳飞领军追杀金兵,一直追到黄河边。

26. 分吃"萝卜王"

岳飞率领十万人马北上途中,曾路过祁东砖圹。这一年久旱不雨,号称"水乡泽国"的湖南田土,竟也干裂得像乌龟壳一样。唯独那砖圹三里见方的地方,萝卜叶子却长得水灵灵的,十分青翠。

岳飞已三天没进汤水,肚子里早就"咕咕咕"地直叫了。他想:"如今金兵骚扰,入侵中原地区,加上连年灾荒,赤地千里,民不聊生。而皇上苟安江南,这十万人马北上驱逐金兵,朝廷竟然粮草不济,却如何是好?"他东寻西觅,半天连一滴水珠儿也没发现,他恨得捡起一团土块用力一提,土块顿时化成了飞扬的尘末。他真不明白眼前的这萝卜为什么长得这样旺盛,不过这可是老百姓们的救命粮啊!于是岳飞连忙在大路口竖起了一块木牌,用手指蘸着朱红在上面写了几个大字:"蔬菜如宝,将士当心;若有损害,一律严惩。"写毕,他才放心地离开了菜地。

岳飞才刚坐定,一个士兵就气喘吁吁地跑了过来:"元帅呀!不知是哪个该死的竟把您竖的字牌窃走了,又另立了一块牌。""啊?"岳飞吃了一惊,忙问,"那牌上写了些什么?"那士兵说:"听人家说,那上面写的是什么'砖圹萝卜,吃了饱肚;愿吃就吃,何必拦阻?'"岳飞听了,怒发冲冠:"胡说!是谁违抗军令,毁我军纪,堕我士气,这、这、这……"他急忙来到了大路边,一看,果然不假。他正要挥剑向木牌砍去,却又很快地把扬起了的宝剑收了回来。原来，岳飞发现在字牌的左下方还有一个落款:"砖圹百姓敬启。"

岳飞正在犹疑,迎面走来一个挑着柴火的中年汉子,哼着山歌:"荒年萝卜不用愁,扯个萝卜哪算偷?砖圹萝卜吃不尽,萝卜年年烂地头。"岳飞一听,自言自语地说:"这般灾荒之年,百姓连野菜都找不着,哪里还有什么萝卜年年烂地头的?"那中年汉子的耳朵倒也挺灵的,他见岳飞浓眉大眼,气度非凡,就走到他面前,放下柴火,急急上前拱手施礼:"大人!这萝卜要不是每年外地人来帮忙吃点,我们就只好让它一年年长着。你看,那地里有的不是长得齐人高了么?""可你们吃的是……"那中年汉子没等岳飞把话说完,就哈哈大笑起来:"这个请大人不必担心!我们这里能吃的东西多啦!"岳飞沉吟了半响,然后,把手臂一挥:"嗯,既然如此,请你回村商量商量,这萝卜我们就按价买了罢!"

老百姓听说岳飞要买萝卜,都争先恐后地抬着一篓篓又白又嫩的萝卜来到了军营。不一会儿,萝卜竟堆得像小山一样高了。末了,老百姓还敲锣打鼓,特地给岳飞送来了一个"萝卜王"。岳飞随手掂了掂,这"萝卜王"足有百来斤呢!于是大家开心地围着一堆一堆的萝卜,横啃竖咬,吃得可香了,最后每个人的肚子都胀得圆鼓鼓的。

军营里,唯独主帅岳飞没有吃。一个偌大的"萝卜王"摆在他的面前。他搔了搔两鬓的华发,心想:"老百姓把萝卜全部献给了我们,难道他们真的是不吃萝卜么?"于是就派了一个士兵前去村子里察看。工夫不大,这个士兵回来禀报:"元帅呀!我见家家锅里出白汽,户户灶里冒炊烟,看来他们吃得并不差呀!"岳飞又问:"那他们究竟吃的是什么?"那士兵张口结舌,说不上来。岳飞又派了两个士兵前去察探。过了好一会儿,他们回来了,这回看见的却是另外一种情形:"元帅啊,容我禀报,我们打开老百姓的锅盖一看,啊哟——原来老百姓尽用萝卜叶子熬汤喝呢!"这时候,岳飞完全明白了百姓们的一番苦心好意。老百姓让出这救命的萝卜,正显示出他们盼望驱逐金兵、一统神州的迫切心愿啊!

岳飞激动得热血沸腾,他疾风似的爬上一座山坡,极目远眺,情不自禁地呼喊起来:"不负众望!还我河山!……"回到营寨,岳飞坚持一定要把这"萝卜王"切成百份,和老百姓一同分着吃。全军将士和老百姓无不深受感动。

27. 牛皋夺关完婚

岳飞在爱华山取胜以后，又奉命剿灭了太湖与鄱阳湖康朗山上的起义军，将杨虎、余化龙等收为部下，然后挥师北上。这时，金兀术想卷土重来，他派驸马张从龙率兵攻打汜水关。岳飞立即升帐，商讨北上抗金的有关事情。岳飞命令牛皋带领本部人马为第一先行军，星夜赶往汜水关救援。余化龙、杨虎二人，为第二批救援队伍。

牛皋、余化龙和杨虎两路人马很快夺下了汜水关。他们占领汜水关不久，岳飞大军赶到，岳飞又命令牛皋救援藕塘关。

牛皋率领大军一路如飞地往藕塘关赶去。到了藕塘关后，藕塘关总兵金节闻报，连忙出关来迎接。二人走进大堂，金节已命人摆好酒菜，牛皋坐上座，边谈边喝酒。酒饭还未吃完，忽然听到有人报金兵前来攻关。金节见牛皋已经有了几分醉意，没敢告诉他。可是不一会儿牛皋就得知了情况，他又喝了半坛酒，东倒西歪地骑上战马，倒提双锏，带领军士出关迎战。

金兵元帅见牛皋喝得烂醉，就大喝一声："嘿！你找死啊，等酒醒了再来！"牛皋听到喊声，眯起醉眼一看："不好，面前怎么站着一个番将？"这时，一阵凉风吹来，酒一下子涌到了嗓子口，他把嘴张开，"哗啦"一下，直喷到番将脸上。那番将用手在脸上乱抹，牛皋趁他抹脸之机，举起铁锏，"当"的一声把那番将的天灵盖砸碎了。

金节在关前看得一清二楚，他又惊又喜，马上带兵冲杀过来，一直追出去二十多里路才鸣金收兵。

金节回转衙中，被夫人接进后堂吃晚饭。金节便将今日牛皋吃醉酒，却打了胜仗的事说给夫人听。说着说着，他忽然想起了一件事，于是对夫人说道："你妹妹的终身大事至今还没有定下来。不如就将你妹妹许配给牛皋，也了却你我一桩心事。"于是夫妻两人，一个去问牛皋是否娶过亲；一个进后房跟妹子说起这桩婚事。金节得知牛皋尚未娶妻，心中大喜。

打败金兵以后，岳飞的大军赶到藕塘关。金节就请岳飞做主，让牛皋拜堂成亲。当天众人一齐祝酒，十分热闹。

28. 反间计

再说那卖国贼鲁王刘豫替金兀术守在山东。他的二儿子刘猊仗着父亲的势力，无恶不作。

一天，刘猊带着家将到乡下去打猎，到了孟家庄，在那儿放出猎鹰来。一个农夫正在锄地头的草，忽然见一只鹰叼着大鸟落在面前，大鸟正在挣扎着。农夫立即走上去，一锄头把鹰给打死了。一会儿刘猊的家将来找鹰，看见鹰被农夫打死了，冲上去就揍农夫，拳打脚踢，谁知竟将农夫打死了。

虽然这样，刘猊还不肯罢休，带着家丁到了孟家庄，找庄主孟太公赔他的鹰。到了庄上，众家将就在门口大叫大骂，孟太公了解了事情的经过后，气得七窍生烟，大怒道："反了！反了！你们打死人不偿命，反要我赔鹰，真是黑白颠倒！"刘猊大怒，冲上前来，想抓孟太公。孟太公一见他的马冲过来，就往后一退，脚没站稳，一跤跌倒，脑后便砸开了一个窟窿，血流不止。庄子里的人连忙把孟太公扶进里屋，给他包扎，然后叫来孟太公的儿子孟邦杰。孟太公看了一眼儿子，眼睛闭上就死了。这时，刘猊还在门外疯狂叫骂。孟邦杰气得涨红了脸，提起板斧，冲出门外就是一阵猛砍，刘猊吓得赶紧跑了。后来孟邦杰草草葬了父亲。他知道刘猊一定还会回来找事，就叫庄里的人分头躲避，自己从后门走了。没多久，刘猊果然领兵来到孟家庄，见庄上已经人去屋空，就下令放火烧了庄子。

孟邦杰连夜赶路,到卧牛山去投奔好友岳真,岳真是孟邦杰习武时的师门兄弟。岳真见孟邦杰来了,非常高兴,立刻摆上酒菜,给他接风洗尘,并且招呼天保、呼天庆、余庆、金彪来见孟邦杰。孟邦杰就将刘猊害死父亲的事,一五一十地说了出来。大家听了以后,很气不过,一致决定投奔岳飞抗金,给孟太公报仇。于是岳真等几个兄弟带着人马,和孟邦杰一道下了山。

再说岳飞在藕塘关。这一天正逢七月十五,按照传统习俗众将士都各自在营中做羹饭准备祭拜祖先。牛皋与吉青两人叫家将把装满果品、食物的盒子抬到山上,然后一人站在一边,各自祭完了祖先,便一起吃起酒来,一会儿两人便喝了十大碗。牛皋因酒喝得太多,走到山坡边向着草丛解小便,不料遇到一个人,鬼鬼祟祟,捉住他,仔细盘问,原来是一个奸细。两人便押着这个奸细回大营去了。奸细被押到岳飞帐中,牛皋命他跪下。岳元帅一看这个人的打扮,就知道他是金国的奸细,便假装喝醉酒的样子,冲着那人大骂:"你这个张保,我看你为人可靠,才叫你到山东送信,你怎么能丢了信误了我的大事!"那人吓得不敢出声。岳飞叫人给那个奸细松了绑,然后交给他一封信,恶狠狠地说:"你快将信送去,必须格外小心,要是再误事,一定斩了你。"那奸细赶忙爬起来,慌慌张张地走了。牛皋被弄糊涂了,忙问岳飞这样做的原因。岳飞说:"我早就想领兵夺取山东,又怕金兵进犯藕塘关,所以将计就计,让那个家伙替我做回奸细。"众人一听,都竖起了大拇指,称赞元帅有谋有略。岳元帅又派人前往山东,打探刘豫的消息。岳飞放走的那个奸细，是金兀术帐下的参谋，叫忽耳迷。金兀术派他到藕塘关来探听岳飞的消息，不想被牛皋抓住了，如今回到河间府，便忙着来见金兀术。金兀术问他打探的情况。忽耳迷便将自己如何被抓，又如何保住性命回来的经过说了，并将信交给金兀术。金兀术拆开信一看，原来是刘豫私下约岳飞夺取山东的回信，大怒，马上派金眼蹈魔、善字魔里到山东把刘豫杀了。

又一天，岳元帅在营中批阅各地送上来的战报，忽然听见军士来报："关外大路上有一支兵马屯扎，好像是绿林中人马的样子。"岳元帅急忙出营去看，原来是岳真、孟邦杰、呼天保、呼天庆、余庆、金彪等人。岳飞问明他们的来意，岳真说兄弟们是特来归顺岳元帅的。岳飞一听，高兴极了，于是和他们结拜为兄弟。

29. 立下奇功

当金兵未退以前,刘浩奉命为前锋,随同宗泽赶往京城解围。因知岳飞的部队武勇,便将他这一队人马调去。行至滑州,遇见金兵,双方隔河相持。岳飞每天带领部下四五百人,操练十分勤奋。这天又往河上练兵,就顺便窥探敌人的动静,岳飞所乘的白马忽然伤了一只脚。刘浩本来就看重他,便将自己所乘的黄马借给他骑。

岳飞到了河旁,见天色阴沉,快要下雪的样子,便向众人道:"年末寒冷,河水冰冻;敌人生长在北方,耐得住寒冷,现在正在北岸驻扎军队。像今天这样的天色,最是可以考虑来入侵的。各位弟兄,可以按照近几天所演习的品字阵法,演习时防备起来。金兵不来,暂时就不去睬他。万一来攻,他们不知道我军的虚实,趁他脚未站稳的时候,保证杀他一个落花流水。"

众士兵经常受到岳飞的鼓舞激励,早就恨不得杀过河去,和敌人决一死战,因此听岳飞这么一说,大家高兴地齐声说"好"。于是忙把人马分成三队,冒着寒风演习起来。忽然寒日隐去,空中已有雪花飘落下来。岳飞命众士兵稍微休息,自己立马向前观望。

张宪在一旁笑说:"你看,这场雪下起来,恐怕不小呢。"

岳飞随口笑答:"你怕冻,想回去么?"忽然又接口惊喜道:"果不出我们所料。你快看!那是什么?"张宪定睛往前一看，前面暗雾沉沉中，什么也看不见。

岳飞又道："你的眼力还未练好，再伏到冰上听他一下。"张宪连忙下马，伏到冰上一听。

当下张宪听到有大量马蹄之声隐隐传来。料知敌人踏冰渡河，乘雪来攻。岳飞道："敌人一向轻视我军，决不防会遭袭击。难得有这样好的天气，休看敌兵人多，我军必胜无疑。你快往两边传令，命吉青、董先等急速分头绕到敌人中间，拦腰截断。你再赶来一同杀敌，我先去了！"说罢，右手将长枪一挥，左手拔出斫刀背上，一马当先，往前冲去。

后面一百多个骑着快马的健儿，一听杀敌，精神大振，一个个抢先上马，紧随在后，往前飞驰。众人所骑战马都有岳飞命制的蹄套，跑起冰来十分轻快。岳飞老远便望见对面雪花稀疏中现出一片黑影，来势虽众，并不很快。看他们行军这样散漫，分明是心骄气浮，把事情看得很轻松，绝对想不到会当头挨这一棒。再侧耳留神一听，又听出敌人马蹄上好似并未绑有草布等物，心中越发高兴。回头看看身后一百多名健儿已照平日所教的阵法，催马赶来。岳飞忙把战马一夹，那马越发翻蹄亮掌，飞也似的往前驰去。

转眼靠近，望见当头迎来的两员敌将，正在耀武扬威。岳飞忙催坐下马朝前猛冲，大喝一声，挺枪就刺。其中一个敌将身材高大，手拿一口大刀，骑着一匹高头大马，正是金国勇将乌里哈。他听到声音一惊，回手一刀，打算仗着自己的蛮力将枪挑飞。不料岳飞枪法如神，可实可虚，来势虽猛，说收就收。一见就知道敌人力猛刀沉，岳飞右手虚摆枪杆往回一带，手中的枪便抽回了半截。紧跟着右腿一偏，坐下马便和敌人的马面对面错开，同时左手举起刀便砍。

乌里哈一刀撩空，用力太猛，忙把马一偏，打算让开来势，回马再砍。就在这心念微动之间，岳飞来势非常快，一个"回头望月"的身法，已一刀砍下去。这一刀用力太猛，竟将敌人连肩带背深砍入骨，几乎拔它不出来。同时瞥见另一个手舞铜锤的敌将，由左侧怒吼着驰来，忙把前半截长枪照准乌里哈背后刺去，就势用足全身的力量往前一甩。刀被拔出，整个贼尸随枪挑起，恰好朝另一来敌迎面打去。那敌将也不是弱者，一锤将尸首打落。张宪正好赶到，手起一枪，正中敌将的前胸。也是用力一甩，连尸首带马鞍都被挑起，甩出一丈多远，落向人丛之中。

金国这两员有名的猛将，才一照面，便被岳、张二人杀死。手下百名健儿又由后面飞驰赶来，都是手持长枪大刀，背挂弓箭，同声喊杀，非常勇猛。风雪交加、天色昏暗中，金兵不知宋军来了多少，加上渡河前走了半天，人马又都疲劳，突然出现意外，越发胆寒心慌，不知如何是好。岳飞的手下都有暗号，随时更换，不要说是下雪，黑夜里也一样打仗。这一百多位爱国健儿，纵横驰骋在敌群中，刀砍枪挑，手无虚出，不消片刻，便杀死了好几百个金兵，其中有几个凶悍一点的敌将，也被岳、张等人枪挑马下。前面金兵亡魂丧胆，狼狈逃窜；后面金兵不知底细，还不断往上拥，误认为敌兵迎头截住，又动起手来。

岳飞看出敌人军心已乱。一声暗号把人马分开，再一个往来冲突，金兵越发慌了手脚，也分辨不出哪是自己人了。为首的一名金将刚听出前军遇敌，就中了宋军埋伏之计，董先等已经由两侧抄到，将敌人兵马当腰切断。后队的金兵不知虚实，听见前面喊杀，往上一冲，越发自相残杀，一片混战。等到明白过来，四散溃逃，已经伤亡惨重了。这一战，从午前战到夜里，只杀得金兵尸横遍野、血染冰河。岳飞因没有接到过河之命，又恐怕部下士兵们疲劳，并未穷追。雪停以后，一查点，共杀死金兵数千，得到战马六百余匹。

　　刘浩见岳飞等一去不回，非常着急，又恐怕金兵雪天偷袭，正命将士严防，一面又派人打探消息。忽听人报岳飞得了金国数百匹战马，在外求见。叫他进来一问，才知道岳飞等以五百骑兵打退了过万的金兵，大胜而归，不由惊喜交集。刘浩得知岳飞等苦战了一夜还未吃饭，不等天亮，便为他们设宴庆功。即日奏补岳飞为秉义郎，吉青等偏校均补为承信郎，同归岳飞部下。

　　自来功高见嫉，何况这帮英雄又都年轻气盛、嫉恶如仇。岳飞虽然沉稳一些，到底还是不免心直口快，和自己弟兄谈得极好，但与那些奸恶的小人，就难免会发生争执，招出怨恨。军中有一个统制，乃是王伯彦的内弟，名叫黄哲，秉性乖张，目无纪律，众人都看他不起。黄哲偏不知趣，时常还要摆出一副官架子，以上凌下。气得吉青、施全提起就骂，若不是岳飞强行劝阻，早就惹出事来。

30．雪中庆功

这天正遇元旦大雪，主帅宗泽先觉得国家多难之时，不应举行什么过年礼节。后来一想，目前各路将领都是崇尚奢华，逢年过节犒赏三军，歌声纵酒，成了一时的风气。自己人马不多，一半都是新收集来的残兵败将，尽管杀敌有心，看法未必一样。另外还有一些新招募来的新军，更都是远离父母妻子，慷慨从军。转眼到了年末佳节，就这样寂寞地度过，难免要勾起他们的念家之情，也难得有一些少年新军，年前立了一次奇功，正好借着这个机会来慰劳他们，鼓舞全军士气。经过仔细斟酌后，宗泽命人发下了鱼肉酒菜，犒劳全军。除了分班防敌的将士不许饮酒以外，剩下的由除夕到元旦，全军将士均允许饮酒过年，他还亲自登坛，在大雪中向众人发话：年前一些忠义之士，不顾生死，冒着风雪奇寒，以少胜多，立下了汗马功劳，使敌人遭到这样大败，真乃可喜可贺之事。在朝命未下以前，特意借着元旦，举行一次全军的庆功宴，慰劳各位将士征战劳苦。这不能算是过年，因此也不铺张。只是想从今年元旦起，全军将士更要同心合力，为国献身，奋勇杀敌。拿年前立功的将士作榜样，不把金人消灭光就不停止。说完，举杯三敬，然后吩咐各营将士自行开宴。

众将士见这位白发苍苍的元戎老将，风雪之中独立于将台，慷慨陈词，慰勉周到，都非常感动。岳飞等英雄回到营中，说笑畅饮了一阵。吉青多吃了几杯酒，身上发热，想到外面看看雪景。施全、董先也跟着去了。

岳飞笑道:"这样大雪寒天,我们在帐中饮酒谈心,不出去也罢。"吉青笑道:"我素来就爱看雪景,前十天在风雪中杀得金人鬼哭狼嚎,真是从来没有的快活。不料刚打完仗,雪就停住。好容易前天晚上这场大雪,一下就是两天多。我最恨人把雪踩个稀巴烂,这时候雪刚停住,一个脚印都没有,才好看呢。"

张宪笑说:"吉大叔真想得好。你不愿看雪中脚印,我们走过之后,别人就愿意看么?"

吉青笑骂:"你孩子家晓得什么?这样大雪天,难得遇上两天假,正好看看雪景。你先答应我同去,不去不行!"说罢,拖了张宪就走。

31. 张用献关

金眼蹈魔、善字魔里杀了刘豫后，回到了河间府。金兀术又下令道："岳飞长期居住在藕塘关，阻挡我进攻中原的路，有谁敢领兵去抢关？"大太子粘罕主动愿意前去，于是，他带领十万人马，浩浩荡荡地向藕塘关进发。

没多久，粘罕率领大军到了关前，安营扎寨。岳飞得到消息以后，立即布置好人马，准备迎敌。可是没想到这天夜里，吉青独自一人骑马出营，去捉粘罕，不料中了粘罕的计，被捉住了。

再说家将们见吉青一夜没有回来，连忙报告岳元帅。元帅急忙传令众将士，分头打进番营，营救吉青。一声令下，汤怀、张显、牛皋、王贵等二三十员大将，随着岳元帅一齐冲入番营。不一会儿，番兵便被杀得尸横遍野，血流成河，四处逃窜。

那几名金兵押着吉青到了官塘，恰巧在这儿遇见一位大汉。这位大汉就是河间府张叔夜的儿子张立，与兄弟张用一同过江投军抗金，中途走散。张立见金兵押着一名宋将，提起棍棒就打，没三两下就把金兵打死了，救下了吉青。吉青二话没说，抢过一匹马，便去追赶金兵。

金兵正在慌忙奔逃，忽然迎面杀出一队人马。原来他们是猿鹤山的山大王诸葛英、公孙郎、刘国绅、陈群佑，听说金兵经过，就带人杀了出来。他们一阵冲杀，不一会儿就把金兵全都杀死了。这时，吉青追来。四人误以为他是金军将领，拦住他就打。张立看见了，赶来帮吉青。那粘罕也逃到猿鹤山下，远远就看见六人打成一团，以为前面有宋兵，吓得扔下战马，攀着岩石向山上逃去。

不久，岳元帅率领众将也追到猿鹤山下，不见番兵，却见吉青同一个叫花子与四个大汉交战。于是牛皋和王贵马上去助阵。岳飞上前一看，个个本领高强，便高声喝道："你们是什么人，竟然敢阻拦本帅人马，放走番兵？"四个大汉一听，忙停住手，诸葛英问道："你们是谁的兵马？"牛皋道："你们没看见岳元帅的旗号吗？"四人慌忙下马，说道："这位将军，口也不开，又遇这位好汉，衣服破破烂烂，我们哪里知道他是岳元帅的部将？"吉青一听，大笑起来。于是诸葛英等四人上前讲了事情的经过，并请岳元帅原谅冒犯之罪。

岳飞听了，很高兴，便说服四人投入军中，共同报国。四人高高兴兴地回山收拾东西去了。

岳元帅见那穿破衣服的大汉还呆站在一旁，就问是谁。张立两眼立即流下了泪，将自己的遭遇仔细地说了一遍。岳飞一听是误会，就把他们收入营中。

一天，又有圣旨传来，命岳飞带兵去征讨汝南（今河南上蔡）叛将曹成、曹亮。岳元帅接了圣旨，立即命令牛皋率领本部人马，前往茶陵关等候；又命令汤怀、孟邦杰送粮食到军前听用；再命令谢昆去催粮接应。隔了两天，一切都准备好了，便命总兵金节好好儿守住藕塘关，然后自己放炮起兵，向茶陵关进发。

牛皋领兵来到茶陵关，刚扎下营，关里就闯出一员步将，舞动一条铁棍向牛皋挑战。两人打了几个回合不分胜负。天黑了，双方各自收兵。很快，岳飞的兵马到了。牛皋将自己与那位步将打斗的情形告诉了岳飞。张立在一旁听到后，说道："这个人很像是我的兄弟，让我出阵去会会他。"张立到关前叫嚷，那员步将立即出战。张立一看，真是兄弟张用，就与他假装打了几个回合，然后败逃。张用跟着追来，到了僻静处，兄弟二人才说起分别后的事。原来张用无处可去，投奔了曹成，现任茶陵关总兵。两人商议好，明天张用在两军阵前献关。第二天，二人依计行事，张用果然带领兵马归服了宋军。

32. 智取何元庆

第二天,岳元帅将部队的军粮屯扎在关中,就率领将士们起兵来攻打栖梧山。来到离山十里左右的地方扎下营寨,到山下叫战。何元庆听报,披挂下山。

岳飞抬头观看,见那将头戴银盔,身披金锁甲,手拿两柄银锤,座下一匹嘶风马,威风凛凛,相貌堂堂。岳飞道:"来者莫非是何元庆?"何元庆道:"是啊。你可是岳飞吗?"岳飞道:"既然知道我的名字,为什么不投降?"何元庆道:"你就是岳飞,好!我听说你率兵攻取太湖,收服了杨虎、余化龙,你果然是个名将。我很久以前就想投降,只是我手下有两员家将不肯,所以就作罢了。"岳飞道:"大凡作为将军,君命都有所不受,难道你反而被两名家将所牵制?"何元庆就把手中两柄银锤一摆,叫声:"岳飞,这就是我的两员家将!你只问它肯不肯投降。"岳飞大怒道:"本帅见你是条好汉,你不弃暗投明,反而去帮助逆贼,所以在这儿好言相劝。你怎敢在本帅面前摆唇弄舌?不要走,来吃我一枪!""刷"的一枪劈面刺向何元庆。何元庆举起锤去迎战。一场大战真是棋逢敌手,将遇良才。直战到傍晚时分,也不分胜败。元庆把锤架住了枪道:"明天再与你交战吧。"岳飞道:"也好,暂且让你多活一个晚上。"两人都鸣金收兵。

岳元帅回到营中坐下来,对众将道:"我看何元庆没有定下输赢,就忽然收兵,今晚一定会来劫寨。"于是命令各位兄弟只可如此如此,就吩咐下去了。

到了二更天，何元庆果然带领一千多个小兵，都穿着皂服，口里衔着一枚果子，悄悄下山来，直奔宋营。快要靠近营门时，何元庆在马上一望，只见宋营中静悄悄的，一点声音都没有，灯火也不亮，漆黑一片。何元庆带头冲进了宋营。只听得宋营中一声炮响，何元庆连人带马一起跌入了一个大陷坑里。很快右边有张显，左边有孟邦杰，带领着士兵们一起上前，将挠钩搭在何元庆身上，然后用绳子绑了。那些小兵一看见自己的主帅被捉住，转身就逃走。恰好遇到董先、牛皋拦住了去路，牛皋大叫："不要放走何元庆！"众小兵一起跪下道："主帅已经被捉去，望老爷们饶命。"牛皋道："既然如此，跟随我们一起去。如果真要走回去的，那必须要留下头颅来。"众小兵齐声道："情愿归顺投降。"

第二天天亮，刀斧手将何元庆推到帐前，何元庆见了岳元帅，道："这是我贪功，反中了你的奸计，要杀就杀，我怎肯向你认输？"元帅道："这有什么难的？"吩咐士兵给何元庆松了绑，并交还了何将军的马匹、双锤和本部投降的士兵，让他们回去整兵再战。

岳元帅第二天升帐，叫来张用，问道："那栖梧山可有另外的路可以通吗？"张用道："后山有条小路，可以上去。只是隔着一溪涧水，虽不怎么深，但道路狭窄难走。"元帅道："既然有一条路，我就有办法了。"

岳元帅将众将士布置妥当后，忽听有人报，何元庆来营前讨战。岳元帅就带领兵将，放炮出营。元庆拍马提锤就打，岳飞举枪招架。两个直杀到天色将晚，并不见个输赢。岳飞把枪架住双锤，叫声："将军，天色已晚，你如果喜欢夜战，便叫军士点起灯球火把，战到天亮；如果觉得辛苦，回去养好精神，明天再来。"何元庆大怒道："岳飞休得口出狂言，我与你战个三天三夜！"于是各叫军士点起灯球火把，三军呐喊，战鼓忙催，重新一场夜战。

杀到三更将近，只听得栖梧山上士兵呐喊，火光冲天。岳飞把马一拨，跳出圈子，叫声："何元庆，你山上起火了？快快回去救火吧！"何元庆回头一看，果然满山通红，心里一惊，回马便走。走了不多路，山上小兵们纷纷败下山来，报道："茶陵关张用，带领人马从后山杀上来，四面放火，夺了山寨。"众头目道："山寨已失，后面又有岳家军阻挡，不如暂且去汝南，向大王奏报，再发动全国的兵将前来报仇。"何元庆道："讲得有理。"

何元庆走到天快亮的时候，叫声："苦啊！我死在这儿算了！这一条大桥是谁拆断了！这儿又没有船只，叫我怎么过去？"众人正在着急，忽见前面两只船头上，站着杨虎、阮良，各拿着兵器，高声大叫："何将军，我奉元帅的命令，在此等候多时了，邀请你一同保住宋室江山，快请上船！"何元庆也不答话，拨马便走。

直到白龙江口，众小兵一看，只见一条大江，并没有船只可渡，又听得后面宋兵追声已近。何元庆道："不能过江去，不如杀回头，与岳飞拼了命吧！"军士用手指道："这小港内不是两只渔船吗？"何元庆赶马跑上来，叫道："渔翁，快来救我！我是栖梧山上大元帅何元庆！渡了我过去，重重谢你。"那渔翁听了，把船撑出港，把手一招，叫声："兄弟，快把船摇过来，是何老爷在此。"两只小船一起撑到沙滩,叫声:"何老爷到小人船上,把这两柄锤放在兄弟船中,老爷身体重,大江大水不是儿戏的,哪里还顾得上马?"何元庆只得下船,把锤放在那只船上,连忙撑着船离岸。岳元帅的追兵已经赶上。那些头目跪下情愿投降。何元庆看了十分凄楚,说道:"还亏得我不该死,遇到两个渔翁救我!只可惜我的马被他们拿去了!"何元庆又叫:"渔翁,你兄弟的船为何摇向那边去了?"渔翁道:"啊呀!不好了!我这兄弟是好赌的,看见老爷这两柄锤是银子打的,便起不良之心将锤拐去了!"何元庆道:"你快叫他转来,我多将金帛送给他。"渔翁道:"老爷差了,他现的不取,反来取你赊的?"何元庆道:"如此说来,是你俩同谋的了。"渔翁道:"什么同谋?老实对你说了吧,我哪里是什么渔人?我是当今天子驾前都统制将军耿明初,这个兄弟是耿明达。奉岳元帅将令,特来拿你。"何元庆听说站起身便来打渔翁。这耿明初滚落长江里了。何元庆站在船中,心中暗想:"如今怎么办?"正在无可奈何之际,那耿明初在水底钻出头来,叫声:"何元庆下来吧!"两手把船一扳,船底朝天,何元庆落水,被耿明初一把拿住,捉到岸上,用绳绑了,押到元帅马前。

岳飞见了,连忙下马,吩咐松绑,说道:"本帅有罪了!不知今天将军还有什么话说?"何元庆道:"这些诡计有什么值得说?要杀便杀,决不服你!"岳飞道:"既如此,叫左右交还锤、马,快请回去,再整大兵来战。"何元庆也不答应,提锤上马而去。

却说那何元庆来到江边,又羞又恼,又无船只,暗想:"曹成不是岳飞的对手,真是无路可投,不如自尽了吧!"正想拔剑自刎,只见宋将汤怀匹马空身,飞奔赶来,道:"岳元帅记挂将军,让我前来送行,等小将准备船只送将军渡江。"正说话间,又见后面牛皋带领士兵抬着食物赶来道:"奉元帅将令,因何将军辛苦,恐怕路上饥饿,特准备水酒蔬饭,请将军用以充饥。"何元庆哭着说道:"岳元帅如此待我,我没有理由不投降啊。"于是就同汤怀、牛皋来到岳元帅马前跪下,口称:"罪将该死,蒙元帅多次不杀之恩,今情愿投降!"岳飞下马,用手扶着他,道:"将军这说的什么话?大丈夫就该立功。请将军同保宋室江山。"于是率领三军,回茶陵关扎营。

33. 呼延灼战杜充

一天，又有圣旨下来：命岳飞领兵到洞庭湖剿灭水寇。于是岳飞大军又一起拔寨往湖南进发，没多久，便到了潭州（今湖南长沙）扎下营来，一面派人打听水寇的消息。

金兀术得知这一消息后，非常高兴，对军师哈密蛋说："现在岳飞远在潭州，金陵城空虚，正是进兵的好机会。"哈密蛋献上一个五路进兵的计策：由粘罕去攻打湖广，牵制岳飞；另派三路，分别攻打山东、山西、江西；让金兀术亲领一路大军去取金陵。金兀术一听大喜，急忙按计传令下去。

这时节宗留守守住金陵，屡次上表请求宋高宗回驻汴京，号令四方，志图恢复，无奈宋高宗不依从。此时打探到金兀术五路进兵，岳飞又羁留在湖广，急得旧病发作，口吐鲜血，大叫着"过河杀贼"而死。

却说金兀术率领大兵二十万来到长江，早有众元帅四下寻找船只，等待机会渡江。那长江总兵姓杜名充，他见金兀术来势很大，心下暗想："宗留守已死，岳元帅又在湖广，在朝一班大臣哪里敌得过金兀术大兵？那金兀术有令，宋臣如有归降的，都封王位。我不如献了长江，以图富贵。"主意已定，就吩咐三军树起降旗，驾了小船来见金兀术，口称："长江总兵杜充特献长江，迎接狼主过江。"金兀术非常高兴，就封他为长江王的职位。杜充谢恩道："我的儿子杜吉任金陵总兵，现守凤台门，等我去叫开城门，请狼主进城便是了。"金兀术道："你儿子如果肯归顺，也封王位。"就命杜充为向导，率大兵往凤台门而来。

再说宋高宗正在宫中与张美人饮宴，只见众大臣乱纷纷赶进宫来，叫道："主公不好了！现在杜充献了长江，带着金兵来到凤台门，他儿子杜吉开门迎贼，金兵已进入都城！主公还不快走！"宋高宗大惊失色，也顾不得别人，就同李纲、王渊、赵鼎、沙丙、田思忠、都宽等人，逃出通济门，一路而去。

那金兀术进了凤台门，见并没有一人迎敌，直到南门，走上金阶。进殿来只见一个美貌妇人跪着道："狼主如果早来一个时辰，就拿住宋高宗了。如今他君臣等人出城去了。"金兀术道："你是什么人？"美人道："臣妾是张邦昌之女、宋高宗之妃。"金兀术大喝一声道："你这寡廉鲜耻、全无一点恩义的女人，留你还有什么用？"走上前一斧，将荷香砍成两半。于是传令命金官把守金陵，自己带领众人捉拿康王。派杜充在前边带路，沿城追赶。

这里宋高宗君臣等人，赶了一昼夜才到句容。李纲道："圣上快将龙袍脱去，换了平常的服装吧，不然，恐怕金兀术跟踪追来。"宋高宗无奈，只得照着去做，不敢怠慢，往平江府秀水县一路逃到海盐。海盐县主路金，听说圣驾避难到此，连忙出城迎接，接到公堂坐定。王渊道："这点小地方，怎么住得？"路金道："地方虽小，但有几百个兵。而且此地有一个隐居的人，只要圣上召他前来，足可以保护圣上。"宋高宗说道："此地有什么英雄在此隐居？"路金道："他是以前的梁山泊好汉，复姓呼延名灼。这个人有万夫不当之勇，主公召来足可保驾。"宋高宗道："那就烦卿家去请来。"

王渊道："依照我的愚见，还是走了为妙。到湖广会见岳飞，方保无事。"宋高宗道："列位卿家！朕连日奔走辛苦，且等呼延灼来，再作商议。"

正说话间，路金领着呼延灼到县堂来见驾。忽见守城军士来报："金兵已到城下。"呼延灼道："请圣驾上城观看，臣如果取胜了，万岁就在此等勤王兵到，臣如果不能取胜，圣上及时出城，往临安去吧！"宋高宗答应了，就同众臣，一齐上城观看。

只见杜充在城下高叫："城内军民听着，四太子有令，快快把君王献出，官封王位。不要等到打破城池，鸡犬不留的时候，后悔就晚了！"话音未落，那城门就打开了，一位老将军出城，大喝一声："啊！你就是献长江的奸贼么？不要走，吃我一鞭！""刷"的一鞭，望杜充身上打去。杜充举金刀架住。呼延灼又一鞭拦腰打来，杜充招架不住，翻身落马。众金兵转身败去。呼延灼也不追赶，取了首级进城见驾，宋高宗大喜道："爱卿真是神勇！寡人如果能够回到京城，一定重重加封你的官职。"于是就吩咐将杜充的首级挂在城头上。

34. 宋高宗在逃

话说杜充招架不住，翻身落马，被呼延灼赶上，割下了头颅。众番兵立刻转身，败退而去。败走的番兵忙去报告金兀术。金兀术便亲自带兵来到城下呐喊讨战。呼延灼提鞭上马，大叫着冲出城去，举鞭便朝着金兀术的面门打来。两人大战了四十多个回合。呼延灼终究因为年老，招架不住，回拨战马，就跑上了吊桥。金兀术拍马追来。不想那吊桥木头已经朽烂了，呼延灼人马冲上桥来，便踏断了桥木，马的前蹄陷了下去，将呼延灼摔下马来，被追赶上来的金兀术一斧子砍死。城上宋高宗看见，慌忙上马出城，沿海塘逃去。

金兀术带着大军，也沿着海塘一路追来。追了十多里路，便见宋高宗等人在前面急速逃奔。宋高宗回头见金兀术追得越来越近，吓得魂飞魄散。这时忽见一只海船驶来。君臣等人便连忙大喊求救。那船上的人听见，便将船靠拢过来，于是宋高宗等人匆匆弃马上了船。船刚离岸，金兀术就赶到了，大叫："船家！快把船划过来，我一定重重赏你！"但那船还是一直划远了。

金兀术就带兵沿海塘一路追赶。追了一程，忽然看见三个捕鱼的人在塘边钓鱼。三人就带着他们沿江边一路追去。不一会儿，但见波涛滚滚，浪头一个高过一个，霎时巨浪滔天，犹如山崩地裂一样，吓得金兀术魂飞魄散，大叫一声，连忙拍马跑到高处。那江潮涌来，将金兀术的前队几万人马，连那三个渔人，都卷入潮中，尽葬鱼腹。金兀术见中了计，死了这么多人马，心中大怒，于是催促大军，一路猛追。

再说宋高宗等人幸亏海船救了性命。这天，他们谢过船夫，离船上岸，一路上忍饥挨饿，直奔湖广去找岳元帅，不久，就到了黄州界牌关。宋高宗等人进了关，走了半天，来到一座村庄，见村中一户人家，正巧是张邦昌的家。张邦昌忙请宋高宗上马，领着各位大臣回到家中，然后吩咐家人安排酒席款待。

晚上，张邦昌将君臣几个安排在书房安歇，私下叫家人前后把守，自己则声称去找岳飞，私下却飞马来到粘罕的军营中报信。

不料，却被原配夫人蒋氏发现，蒋氏忙到书房告诉了宋高宗君臣。宋高宗几个赶忙谢了蒋氏，跟随她来到花园。因前后门都有家人看守，所以蒋氏叫他们从花园爬墙出去。于是他们上树爬墙，夺路逃生。放走众人后，蒋氏自己就在一棵大树上吊死了。

张邦昌来到番营，将宋高宗君臣逃到他家的事报告了粘罕。粘罕立即领兵三千，连夜赶到张邦昌家。张邦昌来到书房，见房门大开，人却不见了，不由得大吃一惊，慌忙寻找，一直找到后花园，只见墙头被扒倒，蒋氏夫人吊死在一棵树上，才知道是夫人坏了他的事。

粘罕令小番兵把张邦昌的家抄了，房子烧了。张邦昌心里十分后悔，但只能无可奈何地看着他们抄家、烧房，后悔莫及。

35. 宋高宗被困牛头山

粘罕命令张邦昌带路，去追赶宋高宗。粘罕和张邦昌追了一段路，来到牛头山下，远远望见几个人正顺着半山腰向上爬。粘罕仔细一瞧，正是宋高宗他们，就吩咐金兵上山捉拿。这时，天下起了大雨。金兵大多穿着皮靴，加上山路又陡又滑，根本站不稳，许多金兵都跌下山去。粘罕心想：宋高宗也逃不到哪里去，就下令搭起了帐篷，叫人守住下山的各条道路，等雨停了再上山捉人。而宋高宗一行人顾不得下大雨，拼命向山上爬，终于爬到了山顶的平地上。这里有一座灵宫殿，他们就进去躲雨。

再说岳飞兵驻潭州，一天，听见军士来报："金兀术五路进兵。杜充献了长江。金陵已失，宋高宗等人已逃走了。"岳飞一听，急得大叫："我这种没用的臣子还留着干什么？"便要拔剑自杀。多亏张宪、施全两人及时抱住，劝道："元帅，国家和皇上有大难，正是英雄用武之时，如今皇上逃难在外，应赶快去保驾，怎么反而要自寻短见？"

岳飞觉得有理，沉思了一会儿，便令牛皋带兵五千人先去打探，自己则率领大军随后赶来。牛皋领兵走了好多地方，都找不到宋高宗等人。这一天，他们来到牛头山，恰好是宋高宗君臣爬山遇雨的时候。牛皋军士正在山下，也撑起帐篷，命军士避雨。这时，有先行士兵来报："前面有番兵扎营。"牛皋想了想，番军这样大规模地围山，皇上一定逃到这牛头山上避难了，连忙带领人马从旁边荷叶岭上去，很快爬到了山顶。那宋高宗等人走出庙来，见是牛皋，便大叫："牛将军！快来救驾啊！"牛皋忙下马叩头，将身边干粮献给宋高宗充饥，然后吩咐三军守住上山的要道。

这时，那些番兵见雨停了，正要上山，忽见上面有宋军把守，忙报告粘罕。粘罕听了，急忙派人去临安报告金兀术，企图等金兀术兵一到，将皇上困在这山上，让他插翅难飞。

这时岳元帅已得到牛皋的飞马快报，率领大军随后赶到。宋高宗将沿路所受的惊吓一一说给岳飞听。正说话间，张保带来一个少年道童，一问，原来是山上玉虚宫的道童，于是君臣众人随道童住进玉虚宫休养。宋高宗进得宫来，心中高兴，忙换下身上湿衣服，并当下传旨，封岳飞为武昌开国公少保统属文武兵部尚书都督大元帅。

第二天，岳元帅升帐，宣布要派人到相州催粮，牛皋抢着要去。元帅道："既然这样，我有令箭一支、文书一封，限你四天四夜到相州，小心前去。"牛皋领命，将令箭、文书装好，独自一人骑马下山去了。只见他一直闯到粘罕营前，大叫："快些让路，老子要去催粮。"说着，冲进营中，逢人便砍，粘罕大怒，拿了镏金棍上马出来迎战，被牛皋一连锤了七八锏，杀得招架不住，往一旁败走了。牛皋趁机冲出后营，往相州去了。岳元帅一天升帐，忽有探军来报："山下有一支番兵扎营。"不多时，又来报："又有一支番兵扎营。"一连报了四五次。岳元帅听了，十分担心：牛皋催粮草回来该怎么上山呢？再说牛皋冲出番营，到了相州，来到节度使都院衙门，将文书交给都院刘光世，刘光世忙准备好粮草让牛皋带走。

牛皋领兵正往前走着，突然下起大雨来，便命令军士将粮草推进王殿内躲雨。原来这殿是先皇赐给汝南王郑恩的后人郑怀的。郑怀误认为牛皋是山贼，便与牛皋打了起来。不打不成交，郑怀发现牛皋是岳飞的部下，便与他结为兄弟，同牛皋一同押送着粮食白天赶路，晚上休息，马不停蹄。途中又遇东正王后代张奎，于是三人又结为兄弟，上山寨吃了饭，收拾完了，一同前行。

三人押车同行。走着走着，突然士兵报告：前方有四五千人马扎营挡住去路。三人上前一看，拦路的首领身穿盔甲，手提錾金虎头枪，嚷嚷着要与牛皋大战三百回合。郑怀、张奎大怒，冲上去便打。三人打了二十多个回合，牛皋见这人厉害，就上来助战，结果三人都不是那人的对手。正恶战着，忽然那人叫道："先别打！"三人收了兵器。原来那人名叫高宠，是想去牛头山上护驾的。只因怕牛皋三人瞧不起，特来献艺。牛皋听了非常高兴，四人结拜为兄弟，一起押粮去牛头山。这时金兀术的大军已赶到粘罕的营中，一时间六七十万金兵，将牛头山围了个水泄不通。

押粮队伍到了牛头山下。高宠带头杀入军营，开出一条血路。张奎、郑怀一左一右护着粮车，牛皋押后。押粮队伍上了牛头山。

岳元帅叫牛皋将他们三人请来相见。三人见了元帅，报了身世，元帅便引他们三人朝见宋高宗，将三人前来保驾的事奏明。宋高宗就暂封他们三人为统制，待太平之日再承袭各自先祖的官职。

36. 黄机密献计

再说韩世忠上来连胜好几阵，金兀术伤亡很多，势单力薄，几次想和韩世忠当面求和。韩世忠只说："你还我两宫（徽宗、钦宗父子），恢复我们的疆土，则可以商量。"金兀术无话可说，见韩世忠的海船乘风破浪，往来如飞，非常着急。于是对部将说："南宋的船队像马一般，如何是好？"正在无计可施之时，忽有坏人贪财，给金兀术献计，教金兀术用火攻。韩世宗竟被打败。

金兀术虽然先败后胜，兵力损伤却很多。事出侥幸，金兀术暂时不敢再往南进犯。本想在六合歇下几天，带领众人北归，可又接建康金兵告急之信。

之前在临安分道撤退的金兵，听说金兀术一连被韩世忠、岳飞杀败，也相继赶来救援。以为建康江边的地形好，如果能保有，既可进攻东南，又可控制西北（指江西襄汉和江北诸州郡），已经到手，不可失去。

岳飞闻报，便领大军往建康进发。岳飞屡建战功，已经升为江淮都统制、武功大夫、昌州防御使。正带手下三万多人马攻打建康，闻报韩世忠镇江兵败，金兀术带兵驻扎在六合，知道要解建康之围，于是命牛皋、王贵带上一部分精锐前去攻打六合，截杀金兵。

黄机密说："我军人少，朝廷的各路接应人马都在途中观望，一个没有来。我已孤军奋战，如果再分兵，其势力更单。'游奕'、'背嵬'二军，此时更是不宜轻动。金兀术收集各路金兵，已有二三十万之众，与上次北溃不同。金兀术之前在镇江连败两阵，近来虽然得胜，但怀有戒心。我军如果分兵前去攻打，胜利了固然可喜，失败了则容易减退我军的锐气。不若将我全军集中在一处，养足士气，以逸待劳。表面看去，我军似乎受敌人内外夹攻，实际上是敌散我聚、敌虚我实。只要将军详细查看敌情，运用得当，金兀术绝非我军的对手，不知将军以为如何？"

岳飞高兴地说道："先生的话很有道理。这都是我以前带兵不多，习惯于轻敌陷阵，又经常打小胜仗，每次攻袭敌人，最喜欢执锐攻坚，以少敌众，以致考虑不够周全。现在带兵次数增多，如果再积习不改，遇事不知深思熟虑，派出去的兵将被敌人所围困，因而牵动全军，减弱士气，那就不可原谅了。我想照先生所说在建康城外多设旌旗营垒，灶烟不断。巧用疑兵之计。然后暗将全军精锐埋伏在牛头山上，等敌人过来的时候，突然拦腰猛击。建康城内的敌军以为援兵将至，屡次失败之后，决不敢轻易出战。我却以全军之力，趁金兀术喘息未定之时，专攻他的虚处。另派牛皋等率领所部'游奕军'，由龙湾那面袭击回援之兵。这个计策如果能成功，至少可挫伤敌人的锐气，甚至大获全胜都难以预料呢。"

黄机密拍掌笑道："将军智勇双全，料敌如神，为古名将所不及。"岳飞谦谢了几句，又和机密众将仔细商量去了。

37. 岳云投军

话说这时汤阴县岳元帅府中，已经是一二百口人的大家庭了。大公子岳云已年满十二岁，他天资聪敏，读书认真，兵书战策样样精通。

岳云叫管家打造两柄铁锤。管家领下口命，叫匠人打造了一对八十余斤重的大铁锤。自从有了合适武器后，岳云天天练锤，一直练到非常熟练的程度。

一天，忽然听见管家慌慌忙忙地跑来报告说："不好！有很多金兵来捉拿我们全家！离村已经不远了。"老太太被吓得惊慌失措，这时岳云从街上走进来，叫道："奶奶不要惊慌！怕他们什么？等孙子出去杀他个干净。"说完，提起大锤，骑上战马，带领家兵出庄作战去了。

走了不到二三里路，正好遇到番兵。岳云道："你们是到岳家庄去的吗？快叫你们的头领出来。"薛礼花豹一听，提上大刀，走马上前大喝道："小孩子，你是什么人？敢在这里挡路？"岳云报上了自己的姓名。薛礼花豹一听，说道："哈，真是踏破铁鞋无觅处，得来全不费工夫啊，我奉狼主之命，正要捉拿你全家呢。"话还没说完，岳云已冲上前，一锤把他打下马来。紧接着就是一阵厮杀，把五千金兵杀了个精光。岳云回到家中向老太太说了要到牛头山帮父亲的想法。岳母沉默不语。岳云见奶奶没有坚决反对，就下了决心，写了一封信留下，乘黄昏悄悄推开后门，独自提锤上马，连夜向牛头山奔去。路上岳云结识了关铃，两人结为兄弟。关铃将自己心爱的赤兔马赠给了岳云。

一路上岳云风尘仆仆，一不小心跌落陷坑。

38. 岳云聘亲

却说岳云跌落陷坑里面,两边伸出几把挠钩来捉岳云。岳云大吼一声,那匹马就猛然一跳,跳出陷坑。岳云舞动双锤,将挠钩打开拍马便跑。

刘豫第二个儿子刘猊,落草为生。当天正坐在冈子上,恰好遇到岳云跌入陷坑又被他逃脱,看见了那匹赤兔马好可爱,就上马提刀,带领着士兵赶来。

岳云离了山冈一路走来。看看天色将要黑了下来,没有地方住宿只好又走了一程,远远望见一座大庄院,岳云就把马加上一鞭,赶到了庄前,这时已是黄昏时分了。庄丁正要出来关门,岳云下了马向庄丁说:"我是过路的,因错过了住处,想要借宿一晚,望大哥行个方便!"庄丁道:"我家员外是很好说话的,但是这时已经睡了,不方便通报。只好请你就在这旁边小房里将就住一晚,好吗?但是没有铺盖。"岳云道:"没有关系,坐一会儿,天就要亮了。只是这匹马怎么办呢?"庄丁道:"小客人,我家后头也有牲口,等我取些料来喂它就是了。"岳云再三称谢不尽。当时岳云就在小房内坐了下来,细细地问庄丁。

庄丁说:"这里叫巩家庄,主人叫巩致,十分好客,小客人如果早点来的话,一定招待。如今只好委屈你了!"岳云道:"没关系。多谢相留,已经是感谢不尽了。"

刘猊看上了岳云的赤兔马,领着士兵一路追赶过来,不见了岳云。看看天色要晚了,就问道:"前面是哪里啊?"士兵告诉说:"这是巩家庄。"刘猊想道:"我很久就有此心,要抢他的女儿做个压寨夫人。如今顺便,不如打进庄去。"吩咐士兵说:"跟我一起打进庄去!"庄丁忙报告庄主。庄主慌忙聚集庄丁,出庄抵敌,那庄丁哪能抵挡得住?正在危急之时,惊动了耳房中的岳云,他手抢双锤,走了出来,大喝道:"强盗往哪里走?"举锤便打。刘猊不曾提防,被岳云一锤打死。士兵们见头目已死,只得四处逃走。岳云追上来,打死五六个士兵。那庄主巩致上前来迎接,同进庄来。

　　到了堂上坐定了,巩致说道:"这位恩公,救了我一门性命,望留下姓名,日后好补报。"岳云说道:"我是岳元帅的长子岳云。"巩致听见,连称"失敬""失敬",吩咐家人急忙备酒菜相待,一面吩咐把那强盗的尸首埋了。那里边夫人,偷偷看岳云相貌不一般,派人来请员外进去,说道:"我看这公子年纪还小,一定没有定亲事。我想招他为女婿,你觉得怎么样?"巩致说道:"我出去用话问问他,便知道了。"员外出来,对岳云说道:"我家夫人说,如果不是公子相救,我家一门性命难保,只是没什么报答的。我夫妻两人只生一个女儿,今年十四岁,想送与公子成亲,希望不要推却!"岳云说道:"婚姻大事,必须禀告父母,才敢答应。"员外说道:"只要公子一件定亲信物。等禀过父母,然后迎娶。"岳云便在身边取出十二文金太平钱来,献上说道:"这个是我奶奶在我小时候给戴的压惊之物,就用这个为定亲之物。日后太平了,再来迎娶。"员外收了金钱,当晚把他请进书房休息。到了第二天,岳云辞别了员外,往牛头山去了。

39. 枪挑铁滑车

岳元帅升帐，对诸将说："金兵将我们围困在这里，时间越久，对我们越不利。我们要尽快杀退番兵，保天子回家。不知哪位将军先去下战书？"牛皋上前答应。岳元帅就叫张保替牛皋换了衣袍，出营而去。

牛皋来到番营，向金兀术下了战书，决定三日后决战。

两军开战。岳飞调拨各将紧守要路，多设檑木滚石，张奎专管战阵儿郎，郑怀单管鸣金士卒，高宠掌管三军司令大旗。岳飞带着张保、王横下山去探阵。金兀术提斧出马，怒气冲冲，举斧就砍，两人大战十几个回合。四面八方的金兵呐喊声震天，都来抢占牛头山。幸有众将各路把守，金兵没能成功。岳飞探出了金兀术的战术要领，拨马回山，金兀术也下令收兵。

高宠掌管三军大旗，看得清楚，心想："岳飞刚刚战了十几个回合，就鸣金收兵。看来金兀术确实厉害，待我去会他一会！"他把大旗交给张奎，悄悄提枪跨马冲下山去。高宠冲进敌营，正好撞见金兀术，他劈面一枪，金兀术赶快抬斧招架，谁知枪重，金兀术招架不住，把头一低，高宠还手一枪，把金兀术的冠帽挑了下来，吓得金兀术回马便逃。

高宠大喝一声冲进金营，一杆碗口粗的枪连挑带打，由东营进，从西营出，如入无人之境。眼见日已偏西，高宠见西南角上有座金营，心想："这定是屯粮草之地，不如去放把火烧掉它！"他拍马抢枪，冲了过去，山上突然滚下一个像石磙一样的东西。高宠挺枪便挑,那东西重约千斤,两只轮子装有机关,用力一推就滚动起来,撞着人压成肉饼,碾着马当场毙命。高宠不管什么东西,举枪挑起,拨到山下。山上的铁滑车接连不断,高宠一个接一个地往后挑,一连挑了十一辆,他挑得胳膊酸疼,战马也筋疲力尽。高宠正挑第十二辆时,战马口吐鲜血倒下。高宠倒地,被铁滑车碾死。金兀术命金兵把高宠尸体挂在金营门口示众。

牛皋远远看见金营门口吊起高宠尸首,拍马冲下山去,岳飞想拦住他,可已经来不及了。他急忙令张立、张用、张保、王横四人,飞跑下山,再命何元庆、余化龙等去接应。

牛皋一路杀到番营门前,拔出剑来,砍断绳索,抱着高宠尸体大哭起来,众将冲杀过去,把尸体抢回山上。金兀术见宋军将士如此团结,冒死抢回尸体,突然感到今日之战,不同以往,于是情不自禁地拍了一下桌子,说了声:"好厉害呀!"军师哈密蛋见金兀术如此发愁,献上一计,金兀术连声叫道:"妙计!妙计!"二人密谋之后,派元帅薛礼花豹、牙将张兆奴领兵五千,扮成宋军,暗渡黄河,星夜赶往汤阴县,要把岳飞一家老小一并活捉,押到牛头山大营。

40. 大战牛头山

再说中秋之夜，宋高宗沿着牛头山小路散步，被金兀术发现。金兵突然发起进攻，喊杀声响彻山谷，金兀术紧追宋高宗。张宪一看情况危急，冲上前去同金兀术战了起来。牛皋正在朦胧中听见喊声，提锏上马冲下山去。牛皋冲进番营，不管三七二十一，见番兵举锏便打。金兀术非常愤怒，提斧迎战牛皋，斗了几个回合，被牛皋一锏打中了肩部。金兀术挨了一锏，尖叫一声，拨马便走。就在这关键时刻，岳云赶到了牛头山，他听见喊杀声，便舞动双锤冲进敌营，正好遇上金兀术。岳云马快，先冲到金兀术跟前，金兀术来不及招架，被岳云一锤从肚子上划过，扯断了衣甲带。金兀术痛苦不堪，调转马头落荒而逃。岳云也没怎么追赶，冲开敌兵同牛皋回合。

牛皋见了岳云，心中特别高兴，带着岳云奔往牛头山，去见岳飞。父子俩相见，自然是非常高兴。

岳飞命吉青、霍锐守在建康城外，虚张声势，多设疑兵，命牛皋等带领两千"游奕军"和一千步兵，埋伏在龙湾附近，然后把剩余不到三万人马移往牛头山，自带汤怀、张显居中，隐伏在高坡之上，指挥前军，看情势而动。王贵、傅庆和新选拔的步将陈经为左翼，徐庆、董先、施全为右翼，岳云、张宪为前锋，到时看清敌人来势，突然加以猛击。后面三路人马同时暴起，冲入敌阵。不许一人后退，违令者斩！一面派人迎着敌军来路，仔细打探虚实动静。

头一天布置停当，将士们埋伏在牛头山山腰树林之中，将营扎好。第二天早起，便听探敌的健儿回报说，金兀术行军机密，极少有人知道，很难探出他的动静，后来遇到两个被金兵掳去又逃出来的乡民，说起金兀术昨夜传令全军，收拾辎重粮草，还要多杀牛羊犒赏三军。照着金兵平日行军以前的举动，只恐怕当天便要杀来。

岳飞知道金兀术并非轻举妄动，六合离建康才六十里，照此情势，分明是恐白天赶到，金兵难免疲劳，打算稳扎稳打，一队接一队，轻悄悄从容上路。以为下月开始，梅雨季节，天气大多阴沉，宋军攻城正急，决想不到金兵会大举而来。等到发觉，他已将营驻扎。即使事前被宋军知道，照他那样行军，双方只一交战，后面的接应便和后浪催前浪一样，越来越多。免得和以前那样，将人马全部出动，表示兵多势盛，结果宋军不曾吓倒，却被宋军精锐冲破他的弱点，以致杀得大败。又欺负岳飞孤军奋战，难于兼顾。若还像上次新城一样，再命勇将领兵迎击，却正中了他的圈套，非败不可。

岳飞洞烛敌人的情况，不由笑骂："金兀术狗贼！任你多么胆大狡猾，也难逃我的掌握。"又和机密众将商计，将傅庆、施全由左右两翼抽出，再调两千人马，偷袭金兵后路，夺取他的粮草辎重。算计金兀术兵到，最快也要在黄昏以后。传令全军将士，白天倒头睡觉，吃完早饭，各自安歇，到了申西之交，才许起身。然后饱餐战饭，准备杀敌。众将士全都摩拳擦掌，踊跃接受任务。到了午后，又连接两次探报，金兀术果真全军赶来，相隔只有三四十里。岳飞预料金兀术恐怕宋军以逸待劳，上来缓缓前进，到了黄昏左右，忽然改为急行军，准备一到便可将营扎住，明早再与城内金兵里应外合。其当头兵将，必是全军精锐无疑。宋军若不先动手，金兀术尚且不会轻易出战。万一敌军先动，吉、霍二将死战不退，难免伤亡。岳飞一想到这点，忙传急令，命人飞骑前往告知吉青、霍锐，说金兵多半夜间才到，正好多张灯火，添设疑兵。万一金兵来攻，上来不许迎敌，先分成数小队，急速退走，一个不留。金兵知道我军攻城正急，不料扑了个空。在未知虚实以前，虽看出我军灯火旌旗全是虚设，也必心惊，误认为中了诱敌之计，有些观望。等到三更左右，遥望牛头山顶发出第二次号炮火花，那连营而来的金兵已被我军切断，前队金兵必然回去救。二将再将这四小队人马突然发动，由后追击。除不许先和金人交战而外，特许见机行事。

岳飞发令之后，天已将近黄昏，探报金兀术前锋离这儿只有十多里，便和黄机密等幕僚部将赶往山顶。岳飞朝前一看，金兀术二三十万金兵穿行于山野树林之间，暮色苍茫中，宛如一条黑龙，正朝自己这面缓缓游来。估计金兵到时，天刚黑透，主将中军扎营的地方，必定就在山脚不远。因恐还有遗漏，又赶往山坡埋伏之处，分别仔细查看了一回。刚回中军坐定，金兵前锋已经由山前经过，连人带马都是静悄悄的，行列十分整齐。其中只有数十名轻骑往来飞驰，似在传送消息。那样多的人，竟听不到一句呼喝之声。

岳飞不禁眉头一皱，对汤怀、张显说："金兀术不铲除，真乃中国未来之大患！看他这样来势和行军之法，连我军想趁他未定之时拦腰猛击好像都能防到。这个时候攻他中部虽可以得胜,但是敌人尚有一股锐气未消,我军就拿一个拼他十个,也觉得不值。反而不如趁他把营扎定,准备安歇,气势衰退之时,选出一千名'背嵬军',穿着以前夺来金兵的衣服,带上新近赶制的腰牌,趁黑夜混到金营之内,一听号炮,便在里面放火呐喊,使敌人不战自乱,再以大军三路夹击,首尾都有呼应,减少伤亡,才能有希望必胜呢。这些健儿,就烦二位将军挑选去吧。"二将传令去了。

黄机密在一旁笑说:"不战而胜,善于用谋啊;战则必胜,善于用兵啊。机密不才,也曾熟读过一些兵书,周览天下形势,平居自命,并不比后人差,但比起将军来,相差就远了。"岳飞答道:"用兵之道最重神机应变,知己知彼,丝毫疏忽不得。这次虽蒙先生提醒,先有戒备,毕竟功还未成,金兀术又非弱者。是否尽如人意,还不可知呢。"

说罢,便一同去歇息了个把时辰。起来闻报,金兵安营初定,前锋离城不远,相隔吉、霍二将埋伏之处才有数里。跟着又有两个奉命探敌的士兵,回来的路上遇到两个取水的金兵,当时杀了一个,活捉了一个,由山路小径绕着带了回来。

岳飞问道:"死敌的尸首在哪里?"士兵答说:"已经藏起来了。"岳飞这才点头,让他们退下。一面传令,到了三更,全军人马开往坡下,再发号炮火花,分三路冲杀。离一顿饭的时间,再将第二次号炮火花升起。随即往高处观望。见金兵已经连营二三十里,远望过去,一路灯火不断。岳飞心里暗想:"金兀术真是将才。若非事先早有准备,照他这样的声势，胜败尚难预料呢。"

一晃已是三更。先是几道火花信号，流星赶月般直上天空，隔了不多一会儿，山顶号炮一响，全军将士一齐出击。岳飞居中，手持长枪，一马当先。左有汤怀，右有张显，连同三千军校，直攻金兵中军大营，手起两枪，先将头两座帐篷挑起，甩出老远。汤怀、张显跟着施威，一路上刀砍枪挑，锐不可当。部下三千军校又都养足锐气，均能各自为战，人人奋勇，个个当先。

金兵刚睡不久，没想到宋军突然来攻，这样厉害。这时候上阵，全仗兵强将勇，善于料敌，不在兵多。因为兵数越多越难带领，能胜而不能败。遇到敌人偷袭，或是遇见劲敌勇将突来冲杀，一个抵挡不住，不管他是多少万人，决不能都涌上前，只要被冲破一个紧要关口，便难免牵一发而动全身，减弱了全军的斗志。

岳飞这一支人马，金兵本来就难于抵挡，岳云、张宪又由金兵空隙之处，先往中腰冲杀进来，金兵稍微挨着，不死必伤。然后二人来到山头遥望，看出其中一座大帐篷像是主帅的。于是互相商议，想去活捉金兀术，一到帐前便冲杀进去。不料金兀术诡诈，并不在里面，无意中却杀了两名最凶悍的敌将。

岳飞等也一路杀到，那假扮金兵混入敌营的"背嵬军"，又在到处呐喊放火，见了金兵就杀。黑夜之间，好些地方的金兵，急切间分不出谁是敌我，互相残杀起来。宋军左右两翼同时出动，转眼便将敌人切成好几段。

前队金兵得信来救援，刚往回抢，吉青、霍锐突然由后追击。后队金兵刚往前进，施全、傅庆又分左右来攻。牛皋等再一趁机偷袭，竟将大部粮草夺去。金兀术得到消息大吃一惊，连忙下令，一面撤退，一面迎敌。无奈连营二三十里，阵势拉得太长，全军已经混乱。四面八方都是宋军的喊杀之声，震撼山野。军心大乱，连军令也无法传布了。

金兀术知道不妙，只得带了哈密蚩和身边几员勇将残兵，在乱军之中夺路往淮西逃去。这一战只杀得金兵尸横遍野、血流成河。宋军杀死秃发垂环的金兵将校三千余名，所得马匹、器械、旗鼓之类以数万计，牛驴辎重为数更多。

城内金兵先见金兀术的援兵赶来，正在兴高采烈，准备里应外合。忽听金兵竟被宋军杀得大败，前些日派将出战，又曾尝过岳飞的厉害，哪里还敢停留？想由静安逃经六合县南，再由宣化（镇）渡江时，岳飞早已料到，大败金兀术之后，便亲自率轻骑，前往截杀。又将金兵杀了个落花流水，淹死江中的不计其数，城中搜抢来的财物也被夺回。等到回转建康，居民早就开城出来迎接。黄机密已照昨天所说的，带了幕僚和少数人马先进城去。将兵马驻扎在城外，单骑入城安抚人民，所到之处，城中百姓各备香花水酒，夹道欢呼，争先恐后，都想见识见识这位所向无敌的常胜将军。

41. 大败金兀术

第二天,岳飞对岳云说:"你前往金门镇送文书,叫镇总兵即刻发兵,来破金兵,保皇上还都。"岳云领了命令,接了文书出营。

岳云骑上赤兔马,手提双铁锤,从荷叶岭飞驰而下,他冲到粘罕大营前,大喝一声:"小将来闯营!"小兵报告了粘罕,粘罕即刻上马挡住了岳云。双方战了起来,岳云使锤像流星赶月一般,粘罕根本招架不过来。岳云一锤击中粘罕左臂,粘罕惨叫了一声,回马便跑,岳云有重任在身,也不去追赶,杀出金营,向金门镇飞奔而去。

再说粘罕差点儿被岳云伤了性命,败回来坐在帐中生闷气,忽然听见番兵来报告说:"二殿下完颜金弹子已到。"粘罕高兴极了——原来这完颜金弹子是粘罕的二儿子,使两柄铁锤,有万夫不当之勇。父子二人一同来到金兀术帐中,金兀术把岳飞兵将如何如何厉害的事说了一遍。金弹子听了,便叫嚷着要去捉拿岳飞。金兀术便令他带兵到山前叫战。

牛皋、余化龙等众多战将轮番上阵,没有一人能打败完颜金弹子,岳飞只好吩咐挂出七道"免战牌",紧闭营门,研究对策。金兀术听了战报特别高兴,传令鸣金收兵,明日再战。

再说岳云从金门镇回来,又打进粘罕营中,摆动双锤,旁若无人,吓得众番兵东躲西逃。直接杀出番营,赶到自家大营前,忽见挂着七道"免战牌",暗想:"真是奇怪!我进出都没有勇将能够抵挡住我,怎么挂起'免战牌'?一定是谁怕事,瞒着爹爹挂的。"非常愤怒,将"免战牌"打了个粉碎。岳云回到营中,把到金门镇及打碎"免战牌"的事对岳元帅一一说了。元帅一听大怒,儿子竟敢违抗军令,于是叫左右:"绑去砍了!"众将领一齐上前求情:"求元帅念他不知道详情,而且是初犯,就饶他不死吧!"岳飞道:"众位将军,我的儿子都不能守法,怎么能服百万之众呢?"后来由牛皋再三求情,并写了保证书,岳飞这才吩咐放了岳云。

这时,金弹子又在山前讨战,牛皋悄悄对岳云说:"今天与金弹子交战,如果胜了就不用说;如果败了,就打出番营,逃回家去见老太太罢。"

岳云挥舞双锤打入敌营,金弹子舞着双锤迎战。两人锤来锤往,战了有四十多回合,不分胜败。牛皋看见,心里着急,大叫一声:"侄儿不要放他走!"金弹子以为后边金兀术叫他,回头一看,岳云趁机一锤打中他的肩膀,金弹子翻身落马。岳云拔出剑来,取了他的首级胜利回山。

番营中,众王子抱着金弹子的无头尸体放声大哭。金兀术命人雕个木头人头凑上,装棺运回本国。如今,军师也无计可施了。金兀术默然无语,坐在营中闷闷不乐。

牛头山决战初步告捷。这时各路兵马陆续向牛头山集结,准备同岳飞夹攻金兵。元帅韩世忠的兵马也赶到了金兵外围。韩世忠派他的二儿子韩彦直往牛头山送信。

这韩彦直只有十六岁,使一杆虎头枪,勇不可挡。韩元帅将本章和信交给他,他便骑马朝牛头山奔去。走了二十多里,韩彦直遇见藕塘关总兵金节正被粘罕追赶。韩彦直杀了粘罕。总兵金节大喜,并托韩彦直把他的奏章带上山去。

韩彦直单枪匹马杀出番营,上了牛头山。岳飞得知他杀了粘罕,喜极了,并带他去见宋高宗。宋高宗见韩门之后立了大功,下旨恢复了韩世忠的官职,命令他带兵收复建康。

岳飞与各路大军约定夹攻金兵,开始牛头山决战了。宋兵如潮水般地杀下山来,金兵抵挡不住,抱头鼠窜。张俊、刘琦带着各路大军从外围杀进番营,里外夹攻,金兵大败,金兀术仓皇逃命,宋军胜利会师,岳飞请张俊、刘琦护送宋高宗还京,自己带兵继续追击金兀术。

金兀术逃到了长江边,恰好曹荣被宋军打败,开着战船向这边逃来。金兀术带着残兵败将跳上了战船逃走了。

42. 梁红玉奋战金兵

岳飞率军追击金兵到了江边，见敌船已经逃去，又无来船可追赶，只得暂时在汉阳江口扎下营来，寻找船只。突然有军士来报告说："韩元帅在狼福山下扎营，阻拦金兵去路。"岳元帅一听，大喜，心中暗想："这一功让了韩元帅吧。"便命令岳云领兵三千去把守天长关，如果金兀术过来，用心捉拿。岳元帅亲领大队人马回到潭州。

再说金兀术在船上清点自己的兵马，只剩下不到四五万人，战船不过五六百只，回想起刚入侵中原时的声势，百感交集，不禁失声痛哭起来。金兀术又看到江北韩世忠的战船，排列了几十里，还有几百余只小船，心想要冲出去很难，就和哈密蛋商议对策。哈密蛋说这里离金山很近，山上有座龙王庙，从那儿先看看形势再作打算。

韩世忠估计金兀术今晚必到附近或金山上偷看，就事先埋伏了人马。果然，晚上金兀术就和哈密蛋、黄柄权三人坐船来到金山，上了龙王庙。忽然一阵鼓响，冲杀出一队宋兵。金兀术吓得忙勒马回去，忽然左侧又杀出一队人马，金兀术被领队的韩彦直活捉。

这时天将要大亮，韩世忠听说擒了金兀术，心中欢喜，就叫人带上来。韩世忠在守两狼关时见过金兀术，一看根本不对，就大声问道："你究竟是什么人？"假金兀术害怕，称自己是副元帅黄柄权，是哈密蛋要他乔装成金兀术的。

因为放走了金兀术，韩元帅心中闷闷不乐。夫人梁氏看见了，便说道："金兀术的粮草不多了，一定会想方设法逃跑的，我料想他会趁我们打小胜仗没有防备的时候来偷袭，今晚要防他一面来攻打我们，一面让番兵过江。就由我带领中军水营，安排防御。我只用火炮、弓箭防守，不和他交战。这样一来，他见我不动，一定会渡江。这时可命令中营大桅上立起楼橹，我亲自在上面击鼓。将军只看白旗为号，鼓响则进攻，鼓停则防守。金兵往哪方走，白旗便指向哪里，将军便领兵向哪里截杀。这样，一定叫他金兵片甲不留，再不敢犯我中原。"

韩元帅一听，自是欢喜，分别立下军令状，便按计划各自准备去了。到了三更时分，夫妇二人商议停当，各自准备。夫人即便布置守中军的兵将。把号旗用大铁环系住，四面游船八队，再分为八八六十四队，每队有队长。只看中军旗号，看金兵往哪里渡江，就将号旗往哪里扯起。那些游兵、摇橹的、荡桨的，飞也似的去了。布置停当，然后在中军大桅顶上，扯起一小鼓楼，遮了箭眼。到定更时分，梁夫人命令一名家将，管着扯号旗。自己踏着云梯到桅杆绝顶，离水面有二十多丈。看着金营人马，好像蚂蚁一样，那边营里动静，一目了然。江南数十里地面，被梁夫人看做掌中地图一般。

那天金兀术回营，喘息不定。坐了半天，对军师道："南军虚实没有探到，反折了黄柄权，如今怎么能渡江回去呢？"军师道："我军粮少，难以持久。今晚可以出其不意，连夜过江。如果等到我军军粮没了，到那时怎么能够抗敌？"金兀术听了，就命令大元帅粘没赫领兵三万，战船五百号，先挡住焦山大营。却调小船由南岸一带过去,争这龙潭、仪征的旱路。约定三更烧饭,四更出营,五更过江,使他们首尾不能相顾。众金兵将哪个不想过江,得了这个命令,一个个磨刀拈箭,勇气十倍。那金兀术到了三更,吃了烧羊烧酒,众军吃饱了。也不鸣金吹角,只以胡哨为号。三万金兵驾着五百号战船,望焦山大营进发。这时正值南风,开帆如箭。

这里金山下宋兵哨船探到了情报,报告军中。梁夫人早已准备好炮架弓弩,远的就用炮打,近的就用箭射,全要哑战,不许呐喊。那个粘没赫率领战船驶近焦山,于是一齐呐喊。宋营中全没一点动静。金兀术在后边船上正惊疑,忽然听到一声炮响,箭如雨下;又有轰天大炮打来,把金兀术的兵船打得七零八落,惊得他慌忙下令转船,从旁边的道路往北逃去。这时梁夫人在高桅上面看得很清楚,命令将战鼓敲起,如雷鸣一般。号旗上挂起灯球,金兀术向北,梁夫人指挥也向北;金兀术向南,梁夫人指挥也向南。韩元帅跟二位公子率领兵士照着号旗冲杀。天快亮时,韩尚德从东面杀上来,韩彦直从西面杀上来。三面夹攻,金兀术哪里招架得住?可怜那些金兵淹死的、杀伤的不计其数。这一战杀得金兀术上天无路,入地无门,只好败回黄天荡去了。那梁夫人在桅顶上看见金兀术败进了黄天荡,把那战鼓敲得响声不断。

原来这黄天荡是江里的一条水港。金兀术不知道有水路,一时杀败了,于是将船收入港中,本来指望可以靠岸,哪里晓得是一条死水,无路可通。韩元帅见金兀术败进了黄天荡去,高兴到了极点,命令两位公子同众将守住黄天荡口。

韩元帅回到了寨里，梁夫人迎接着，各位大将都来献功。苏德生捉拿了金兀术女婿龙虎大王，霍武斩了金将何黑闼的头。其余有夺了船只武器的，有捉拿金军士兵的，数也数不过来。元帅命令军政司一一记录功劳。命令后营带出黄柄权，和龙虎大王一同斩首，和何黑闼的首级，一齐挂在桅杆上。这时正是八月中旬，月亮像白天一样亮。元帅看见那些大小战船，排成了长蛇阵形，足有十里远，灯球火光，照耀得如同白天一样。军中欢笑声像雷一样响。

韩元帅大获全胜，心内十分欢喜。又感念梁夫人登上桅杆击鼓的一段义气，忽然要与梁夫人夜里游览金山并看月亮，登上塔顶上去望金营上空。立即传下命令，安排两桌上等酒菜，与夫人夜里上金山赏月。又将羊酒赐给二位公子及各营将官，轮番巡守江口。自己坐了一只大船，跟随了数只兵船。梁夫人陪韩元帅趁着水光月色来到了金山上。

二人慢慢走上山来，早有山上的和尚迎接。韩元帅吩咐将酒席移到妙高台上，同夫人上台赏月。二人对坐着饮酒，韩元帅往月下一望，金营里灯火全没了，宋营船上灯球密布，非常欢喜，不禁感觉有曹公赤壁横槊赋诗的光景。梁夫人道："将军不能因为一时的小成功，忘了大敌！我想金兀术智勇双全，今天如果不能擒获他，今后一定成为后患。万一再被他逃去，必来复仇，那时南北相争，麻烦就大了。怎么能因为游玩而冷了军心？"韩元帅听完，越发敬佩夫人，说："夫人所说，实在有理。但是金兀术已经走到死路，再没有能力回击。几天后就没粮了，我就活捉了他，来报二帝之仇。"说毕，举起大杯，连喝几大杯。

43. 决战黄天荡

金兀术大败之后,剩下两万人马、四百来号战船,败进了黄天荡,派人探听消息。拿了两只渔船到来,金兀术好言好语对渔户道:"我是金国的四太子。因为兵败到了这里,不知道出路,麻烦你指引,我会重重谢你!"那个渔翁说:"我们世世代代住在这里,这里叫做黄天荡。河面虽然很大,却是一条死港。只有一条进路,并没有第二条出路。"金兀术听完,才知错走到了死路,心中很是惊慌。于是就赏了渔人,与军师、众王子、元帅、平章等商议道:"如今韩南蛮守住江面,又没别路出去,怎么是好啊?"哈密蛋道:"如今时事危急,狼主写一封书信,答应给他礼物与他讲和,看那韩南蛮肯不肯,再作商议。"金兀术依言,急忙写了一封书信,差小士兵送往韩元帅寨中。

有旗牌官报告元帅,元帅传令叫进来。小兵进帐,拿出书信。左右接着,送到元帅桌前。元帅拆信观看,上边写着：情愿求和，永不侵犯。进贡名马三百匹，买条路回去。元帅看完，哈哈大笑说："金兀术把本帅当做什么人了？"写了回书，命令将小士兵耳鼻割去放他回去。小士兵忍痛回船，报告金兀术。金兀术与军师商议，无计可施，只好下令拼死杀出，碰碰运气。第二天，众金兵呐喊摇旗，驾船杀奔江口而来。

那韩元帅将小兵割去耳鼻放回以后，料想金兀术定来夺路，早已发出命令，命令各位将领用心把守："如果金兵出来，不许交战，只能用大炮硬弩打；他不能靠近，自然退去。"众将领了命令。那金兀术带领众将杀奔出来，只见守得像铁桶一样，火炮弩箭一齐打来，料想不能冲出。于是传令停住了船，派遣一金官上前说道："四太子请韩元帅讲话。"军士报到寨中。韩元帅传令，把战船分作左右两营，把中军大营船放开，船头上弩弓炮箭排列好多层，以防止暗算。韩元帅坐在中间，左边站着大公子韩尚德，右边站着二公子韩彦直，两边排列着长枪利斧的军士，十分雄壮。金兀术也分开战船，独自坐在一只大楼船上，左右也是金兵金将，离韩元帅大约有两百步远。两方都各自抛锚。金兀术在船头上脱下帽子跪下，派人传话，说道："宋国与金国本来是一家，皇上和金主亲如兄弟。江南贼寇多起，我起兵来讨伐贼寇，不是来侵犯的！今天我对天发誓，从今往后，永不再侵犯，乞求放我们回国！"

韩元帅也派传事官回话说："你们金国背信弃义，抢我们二帝，占领我国疆土。除非送还我二帝，退回汴京，才可讲和。否则，只有一战！"说完，就传令转船。

金兀术见韩元帅不肯讲和，又不能冲出江口，只得退回到黄天荡，心中忧闷，对军师说："我军屡屡失败，人人恐惧。现在内部没有粮草，外部没有救兵，这样不就死在这里了吗？"军师说："事情已很危急了，不如张挂榜文，如果有能解得了这危急的，就赏他千金。说不定有这样的能人呢。"金兀术命令写榜文招募人才。不到一天，有个小士兵来报告说："有一个秀才求见，说有计策冲出困境。"金兀术急忙把他请进来相见。那秀才进到帐里来，金兀术离开座位迎接，让他坐上位，便说："我被南蛮困住在这里，无路可走了，又没有粮草。望先生教我！"那秀才道："行兵打仗，我不行。如果要冲出这黄天荡，有什么难呢？"金兀术大喜说："我如果能脱身回国，把女儿嫁给你，你还会大富大贵！"于是秀才将计策告诉了金兀术。

金兀术照他说的做，挖土引水，只用一夜工夫，便掘开三十里，大队人马便上岸往建康奔去。

韩元帅水兵在江口守了十多天，不见金兵动静，再进去一看，黄天荡内烟火消失，一打听，才知道都已逃脱，慌忙报知韩元帅。韩元帅听了报告，心中气愤极了，只得传令大军一起动身，往汉阳江口驻扎。

金兀术由建康一直逃到天长关，正暗自得意，忽然听到一声炮响，只见三千人马一字排开，当中一员小将，骑一匹赤兔宝马，手提两柄铁锤，正是小将岳云，他大叫一声："小将军在这已等候多时！快快下马投降！"金兀术大怒，举起金雀斧，迎面砍来。岳云用锤往上一架，那金兀术招架不住，被岳云拦腰一把擒过马来。那些番兵没命地冲出关去。

可怜金兀术的几十万人马，这时只剩下三百六十个残兵败将逃回本国。

岳元帅听说岳云擒了金兀术，大喜，便下令押进来。那金兀术被推进帐中，站着不肯下跪。岳飞往下一看，原来并不是金兀术，大喝一声道："你是什么人？敢冒充金兀术来替死？"假金兀术道："我是四太子帐下小元帅高太保，受狼主厚恩，无以报答，所以今天舍身替狼主受难。你要砍便砍，不必多说。"

岳飞下令斩了假金兀术，又命军士将岳云绑去砍了，幸好这时韩世忠前来，劝阻了岳飞。岳云又幸免一死。

岳云忙谢了韩元帅。于是两位元帅又谈了一会儿军事，约好一齐班师回朝。

44. 迁都临安

宋高宗从牛头山回到金陵,临安节度使苗傅、总兵刘正彦奏请宋高宗迁都临安。宋高宗准奏,传旨准备车马,选日子准备迁都。百官听到这个消息,都纷纷议论。李纲慌忙进宫劝阻迁都,没有实现。李纲见宋高宗主意已定,料想不能挽回,便提出告老还乡。宋高宗巴不得他走,落个耳根清净,于是便准奏。李纲也不通知各位朝臣,连夜出京回乡去了。岳飞听到迁都这件事,也同众将领入朝劝阻迁都。可是宋高宗根本听不进去。

岳飞见宋高宗不听劝告,便提出回乡伺候老母,与妻子儿女团聚。宋高宗准奏。众将也都一齐提出回家探亲扫墓,宋高宗一一赐给金帛准许他们还乡。宋高宗又传旨封韩世忠为咸安郡王,留守润州,不必到京城来,其实,宋高宗是怕韩世忠到京,又来阻止他迁都。接着他便传旨选了吉日,准备南迁。不出一天,到了临安,苗傅、刘正彦两人忙迎接宋高宗进入新造宫殿。宋高宗看宫殿造得精巧,十分欢喜,传旨改年号为绍兴,并封苗、刘两人为左右都督。

45．秦桧叛国

再说金兀术逃回本国，来到黄龙府，见过了父王。老狼主一听大王儿和王孙金弹子都战死了，七十万雄兵全军覆没，又悲又怒，吩咐左右将金兀术拖出去砍了。军师哈密蚩连忙跪下，将攻打中原的经过，以及最后怎么逃生的情形详详细细地向老狼主说明。老狼主听了，才传旨放了金兀术。金兀术忙谢恩出朝而去。

金兀术虽然遭受惨败，但是侵占中原的野心不死。一天，他对军师哈密蚩说："我第一次进入中原，势如破竹，第二次出征只因为出了个岳飞，才使得我全军覆灭，原因在哪里呢？"哈密蚩道："狼主前一次侵犯中原，全靠宋朝奸臣帮了你的忙。如今还有一个大奸臣，叫秦桧。这个人先前跟随宋朝二帝到这里，后来被狼主赶了出去，不知如今流落到哪里去了。狼主可叫人将他找来，养在府中，好好儿待他，然后多给些金银送他回国，叫他做个奸细。这宋朝江山，早晚是狼主的！"金兀术一听大喜，忙叫番兵四处找寻秦桧的下落。

汴梁被占后，秦桧夫妇被抓到金国，通过苦苦哀求，才免于一死，结果被金国皇帝赶到了贺兰山边的草营内，服侍养马的金兵。养马的金兵死后,两人就流落到山下,住在一间破牛皮帐房内,靠王氏给金兵们缝缝补补、洗洗衣物维持生活。说来也巧,一天,金兀术领了一班小番兵,往山前山后打猎取乐,远远望见一个穿南方衣服的妇人,慌慌张张地躲入林中。金兀术觉得奇怪,就派人去树林里将那妇人捉住,把她带回府里去。到了府中,金兀术便问那妇人道:"你是哪里人啊?为什么在我们北方?"那妇人战战兢兢、娇滴滴地把自己和丈夫秦桧如何来到此地,怎么生活的经过细细说了一遍。金兀术一听有了秦桧的下落,极为欢喜,连忙派人将秦桧找来,让他做了个参谋,并让夫妻两人住在府中。两人谢了恩,当晚便换了衣服,收拾房间住下。从此,金兀术每天对他俩酒肉招待,十分客气。

一天,金兀术问秦桧想回家吗,秦桧答道:"确实很想回去祭拜祖坟,但是狼主这样抬举我,不好意思开口。"金兀术道:"这好办!但是你必须去五国城,讨了你们宋朝二帝的诏书,才能进得中原关口。"

秦桧大喜,告别了金兀术,往五国城进发。秦桧来到五国城,找到二帝,参拜完毕,便将纸币放到井下,拿到诏书,然后回到金兀术的府中。第二天,金兀术便带领文武官员送他夫妻回国,一路上都有人照顾,直到可以看见潞州地面了,金兀术才摆酒与两人辞别。秦桧见金兀术如此对他,心中十分感动,跪下说:"我秦桧决不忘狼主的恩德。如果我夫妻回去得到了重用,一定会把宋朝江山送给狼主。"两人辞别金兀术上马,往潞州方向而去。

夫妻两人来到关下,潞州总兵看过诏书,就放两人过关，并吩咐人直接把他们送到临安。秦桧去见宋高宗，并将二帝的诏书递了上去。宋高宗看了诏书，知道了两位先皇的消息，心中十分高兴，降旨道："秦爱卿保两位先皇在外多年，患难不改忠心，真是难得啊。今天封秦桧为礼部尚书的职位，妻子王氏封为二品夫人。"秦桧谢恩出来，就到礼部衙门上任去了。

46．杨再兴归顺

　　宋高宗皇帝又登上皇帝宝座，天下暂时太平无事。宋高宗原是一个贪图享乐的皇帝，迁都以后只求暂时安定，不想收复失地。现在秦桧又一个劲地鼓动宋高宗吃喝玩乐，宋高宗更是无心上朝了。朝廷如此黑暗，一些有志之士纷纷起义。到了绍兴七年春天，兵部有紧急军情上报朝廷："山东九龙山杨再兴作乱。"又报告说："湖州太湖水贼戚方、罗纲、郝先聚众谋反。"接连几道告急文书，弄得宋高宗不知如何是好，只是整天面带忧容，闷闷不乐。魏娘娘看见，忙问缘故。宋高宗便将贼寇作乱之事说了一遍。娘娘道："臣妾为万岁绣一对龙凤旌旗，再在中间绣上'精忠报国'四字，赐给岳飞，请他来京。"宋高宗大喜，忙命娘娘动手绣旗。

　　娘娘赶着绣好了旗子，宋高宗立即派官员往汤阴县宣召岳飞。差官领了旨意，连夜赶到汤阴。岳飞听到报告，忙出大堂接旨。差官读完圣旨，又将娘娘亲手所绣的龙凤旗献上。岳飞连忙谢恩，准备赶赴京城。

　　岳飞等到了临安，进朝见天子。天子喜出望外，下命岳飞官复原职，等平定凶寇后再升赏。接着又传旨，命令兵部发兵十万，户部支拨粮草，并赐御酒三杯。岳飞忙谢恩出朝回营，命令牛皋带兵三千为先锋；又命岳云催粮草送到军中；自己率大军随后赶到。牛皋带兵到了山东九龙山，便下令抢山。军士们在九龙山下一齐呐喊。杨再兴带着喽啰们下山迎敌。牛皋与杨再兴两人才战了十二三个回合,牛皋便败下阵来。杨再兴也不追,回山上去了。牛皋败回来,命三军离山几里下营,等候岳元帅大军到来。不到一天的工夫,岳元帅大军已到。

到了第二天,天还没亮,岳元帅点将准备出阵,吩咐军士不得助战,由他一人迎战杨再兴。于是众将都在后头观战。杨再兴得知情报,迅速领兵下山迎战。岳飞力劝杨再兴归顺朝廷,杨再兴不听,反过来劝岳飞造反。

两人又互相劝了一番,但因志向不投,只好刀兵相见。岳飞说:"我和你各把兵将退到后面,只有你我两人单打独斗,各显本领。"杨再兴说:"这样再好不过。"立即就命令众喽啰退回山寨。岳飞也传令众将士退后,不许上前。两人两马交错,双枪并举,斗到一起。岳元帅的枪法出神入化,杨再兴的矛也毫不逊色。两人大战三百多回合,不分胜负,各自收兵回营,约定明日再战。

第二天,岳飞来到阵前,见杨再兴早已在那里等候,就不再耽搁,立即交战。就在两人战得不可开交时,岳云押解粮草到了营前,见父亲与一员贼将拼杀,众位叔父却远远地观看,不知到底是怎么回事。牛皋看见岳云,便叫道:"侄儿,你来得正好,快去帮你父亲抓住这个强盗。"岳云不知情况，将马一拍，冲了过去。杨再兴见有人来助战，立即拨马回山。

岳飞羞愧难当，收兵回营。一进营帐，岳飞就吩咐左右将岳云绑出去砍了。众将一齐跪下求情，说岳云才到军营，不知情才误犯了军令，请宽恕他。岳飞免了岳云死罪，但要打四十大棍。打到二十棍时，牛皋上前求情，愿替岳云挨二十大棍。岳飞这才叫停，吩咐张保："你将岳云背到山前，对杨将军说，岳云刚回营，不知有军令在先，犯了军令，本来要斩首，因为大家的求情，改为责打，请杨将军验伤。"张保将岳云背到山前，把岳元帅吩咐的话对杨再兴说了一遍。杨再兴说："这还像个元帅。"并叫张保回去传话，明天再战。

天色越来越暗，岳元帅独自坐在帐中，心头烦闷，就靠在桌子上蒙眬睡去，忽听军士来禀报："杨老爷来拜。"元帅想不出是哪个杨老爷，正要问，只见外面走进一位将官来，金盔金甲、方面大耳、威风凛凛、气宇轩昂，好一名威武的大将！岳元帅忙起身迎接。杨老爷进帐坐下说道："我名叫杨景。因为我的玄孙再兴在此落草为寇，特意恳请元帅把他收在自己部下立功。"元帅道："我早有这番心意了，只是他本领高强，难以收服啊。"于是杨景便把克制杨再兴"杨家将"的"杀手锏"交给了岳飞，并说道："你一定要好好记住啊。"岳飞醒来，却是一个梦，他心中暗暗觉得奇怪，但私下却把这梦中学到的"杀手锏"练熟了。

过了两天，岳元帅依旧出阵向杨再兴讨战。两人大战了十多回合，岳元帅假装败走，杨再兴拍马随后追赶。岳元帅回转马来，左手持枪便刺。杨再兴忙用枪架住。岳飞便使出了"杀手锏"——用右手将银锏在杨再兴背上轻轻一按。杨再兴坐不稳，摔下马来。岳飞忙下马将杨再兴扶起，并说道："得罪将军了，可以起来上马再战。"杨再兴满面羞惭，跪在地上道："元帅，小将已领教了元帅的本领，甘心服输，情愿归降。"岳元帅心中高兴，便与杨再兴结为兄弟，一同回营。众将士忙摆酒庆贺，大家开怀畅饮。

接着，岳元帅领军来到瓜洲口，过江收服了水寇戚方等三人。岳元帅率军回到临安，见到宋高宗，将杨再兴等人归顺的经过奏明。宋高宗给他们一一封了职。随后岳飞又奉旨到洞庭湖一带剿灭了水寇杨幺，还收纳了杨幺手下的伍尚志、罗延庆、严成方、王佐等勇将。

47. 痛失良将

金兀术败回黄龙府后，经过几年，又重新整顿了人马，号称有两百多万，再次气势汹汹来侵犯中原，没多久就快到朱仙镇（今河南开封西）了。岳元帅听到报告，命令杨再兴、岳云、严成方、何元庆、余化龙、罗延庆分别带五千兵士，赶往朱仙镇救应。岳元帅与韩元帅率领三十万大军，轰轰烈烈，也朝着朱仙镇赶来。

这时正是11月天气，大雪飞扬，天寒地冻，第一先锋队杨再兴的人马冒雪走了两天两夜，来到离朱仙镇不远处，迎面碰上金国大军，只见金国人马满山遍野不计其数。杨再兴命令他们在原地等候，自己一人拍马摇枪，向着番兵杀去。而此时金兀术带领六国三川大军，分十二队，每队人马五万，共有六十五万，但他为了虚张声势，谎称有两百万，也正往小商桥赶来。杨再兴一马当先，不到一个时辰，杀死四员番将。四队番兵共计二十多万人，他们见四位主将已死，都落荒而逃。只见他们人撞人、马撞马，压伤踩死的不计其数，战场上尸如山积，血如河流。活着的番兵纷纷向北逃去，杨再兴在后面追赶，心想："不如我抄到番兵前面，截住他们的归路，杀他个片甲不留。"主意一定，他便朝近路抄去。

谁知此地有一条河，叫小商河，因被大雪落满，已分不出哪里是河、哪里是路。那些番兵都知道小商河前边有座小商桥，便都往西北的小商桥方向逃去。小商河河水虽不是很深,但淤泥乱草很多,河面又被雪掩盖,杨再兴乘马来到此处,跌下河去,连人带马,陷在河内,动弹不得。那些番兵看见,便一起放箭。成千上万支箭像大雨一样射来,可怜杨再兴连人带马,被射得像刺猬一般,惨死在小商河中。

此时岳云冲入金营,舞动那两柄铁锤,如飞蝗雨点一般地打来,没人能抵挡得住,况且那些金兵已晓得岳公子的厉害,都向两边闪开。岳云逢人便打,打得金兵们东躲西逃、自相践踏。

接着第三队先行军严成方赶到。两队军士将杨先锋误走小商河被金兵射死、如今岳公子单身独马闯进金营的事说了。严成方听完大怒,即刻传令三军扎下营寨:"等我去帮他一下!"把马一提,冲到金营,高声大叫:"我严成方来闯营了!"舞动紫金锤,打了进来,指东打西,绕南转北。看见了岳云,两个人合力来打金兵。

金兀术在大营听见士兵报告说:"岳小南蛮同一个叫做严成方的小南蛮,闯进营盘,十分凶狠,难以抵挡,望迅速派将擒拿他!"金兀术在想:"我六十万大兵来到这里,被杨再兴一人一骑挑死我四个先锋,杀伤我许多人马。如今又有这两个小南蛮如此厉害,叫我怎么能取得宋朝天下呢?"随即传下命令,让各营元帅迅速去迎敌,一定要生擒这两人,如若放走,军令治罪。那些士兵们得了这个命令,层层围住岳公子、严成方厮杀。

再说那第四队先行军何元庆领兵来到,士兵们也将杨再兴被射死、岳云与严成方杀入金营的事说了一遍。何元庆听了,吩咐三军扎下营寨,自己骑马冲入金营门口,大喝一声："啊！小子们！我何元庆来了！"舞动双锤，杀进金营。

随即那第五队先行军余化龙兵马也到了。听了这话，骑马冲入金营，大叫一声："快闪开！我余化龙来了！"把银枪一起，狠命地挑来，杀得那金兵喊叫道："太勇猛了啊！"

不久，那第六队罗延庆人马也到了。众三军也将前事说了一遍。罗延庆听罢，大怒道："你们扎下营盘，等我去为杨将军报仇！"延庆又下马拜了两拜，哭了一回："哥哥啊！你为国捐躯，今天小弟不报此仇难解此恨！"说完就揩干眼泪，上马提枪飞奔而去，径直往金营去了，一直杀入重围。

第七队伍尚志也到了。三军也将前面的事禀告了一番。伍尚志吩咐三军扎下营盘，飞马来至金营，将马一提，舞动这支画杆银戟，杀进金营，一层层冲了进去。只见岳云、严成方、何元庆、余化龙、罗延庆都在圈内，伍尚志叫道："各位！我伍尚志也来了！"六个人杀在金营内，锤打来了，遇着便成为肉酱；枪刺去，逢着顷刻之间就身亡。真个是打得天昏地暗，日月无光！

金兀术看见，便说道："这几个人真厉害啊！"于是又传令众士兵一齐围住，吩咐说："务必要拿住这几个南蛮，大事就好定了。"众将得了命令，层层围住。

那六个人在里面杀了一层，又是一层，杀了一整夜。恰好岳元帅、韩元帅的大兵也到了，依河为界限，放炮安营。那金营阵内六个先行听见炮响，晓得是岳元帅兵已到。岳云抢锤打出金营，后边何元庆、余化龙、罗延庆、伍尚志一齐跟着杀出来。

岳云回头一看，单单不见了严成方，大叫："各位叔叔！

严成方还在阵内！快些进去救他出来。"岳云又转身杀进金营。只见严成方在乱军中逢人乱打，岳云高叫道："贤弟，快回营去吧！"严成方也不回话，举锤便打。岳云连忙招架住，那严成方已经杀了一天一夜，已经杀昏了，只往金营杀进去，也认不出来自家人了。岳云便一手抢锤，一手拖住严成方左手；何元庆扯住右手，罗延庆抱住身子，余化龙在前引路，伍尚志断后。众位英雄裹住了严成方杀出金营，来到大营，进帐见岳元帅缴令。

岳飞吩咐严成方在后营休养。只见罗延庆十分悲苦，岳飞说道："贤弟不要悲苦！武将冲杀疆场，马革裹尸。只是杨将军还没有享受到朝廷爵禄，如此英雄，实在可惜！"元帅就吩咐整治祭礼，亲到小商河祭奠。然后收尸，葬在凤凰山。

再说金兀术见众位英雄去了，但见尸骸满地，血流成河，死者不计其数，受伤者很多。于是一面将尸首埋葬，一面将带伤士兵放在后营医治。又与众将士商议道："这岳南蛮如此厉害！他如果等各处人马到齐，早晚必来决战！我想秦桧为何不来照面，难道他死了不成？我待他恩重如山！他夫妻两人临别时对天发誓，到了南朝，难道就忘了我？"军师说："狼主今日进入中原，秦桧哪敢不照应？请狼主静候几日，定有好消息。"

那边张元帅带领五万人马，刘元帅带兵五万，各处节度总兵都到了，共有二十万大兵，扎下了十二座大营，聚集在朱仙镇上。这一天，岳元帅升帐，军士来报告说："圣旨下。"岳飞连忙出营接旨。钦差大臣开读，原来是朝廷赐给岳飞"尚方宝剑"一把，并说道："有罪者先斩后奏，有功者任凭授职。"岳飞谢了恩，送钦差起身。

回到帐中坐下，又有探子进帐来报告："赵太师气病了，已经死了，将礼部尚书秦桧拜了相位，特来报知。"岳飞与众位元帅、节度、总兵进京贺喜。

过了数日，有新科状元张九成奉旨来做参谋，元帅于是命他进来相见。岳飞说道："你有奇才，何不随朝廷保驾，为何来这里？"九成说道："因为晚生是一介书生，前去参见秦太师没有东西孝敬他，所以秦太师在圣上面前，说让我来做参谋。"岳飞对众元帅说道："岂有此理！我想那秦太师亦是十年寒窗，由青灯苦读而到了相位，怎么会这样重礼轻贤？"众元帅说道："且留九成在这里，另作安排。"

正说话间，又有圣旨来了。那钦差说道："圣旨命令张九成往五国城去问候二帝，立刻动身。"张九成谢恩就去了。

即刻传下令来说道："哪一位将军敢领命令送钦差出金营去？"下边应声道："末将愿往。"岳飞抬头一看却是汤怀，不觉泪下，叫道："好，汤将军前往！"这班元帅，各节度、总兵、众统制，与张九成、汤怀出营，一齐上马，直送至小商桥。汤怀说道："各位大老爷，末将去了！"又对岳飞道："大哥，小弟去了！"岳元帅想要回话，喉中语塞，泪如泉涌，目不忍视。

那汤怀保着张九成一直走到金营，大声喝道："番奴听着，我大宋天子，差新科状元张九成往五国城去问候二帝。快去通报，让路与我们走！"士兵忙进帐去报与金兀术。金兀术说道："中原有这等忠臣，实在可敬！"传令把大营分开，让出一路。再点一员大将，带领五十个士兵，送他到五国城去。士兵得令，传下号令。

张九成同汤怀一齐穿营进来。那些金兵金将看见张九成生得面白唇红，红袍金带，乌纱皂靴，在马上手持符节；后边汤怀横枪跨马保着，人人喝彩："好个少年忠臣！"金兀术也来观看，不住口地称赞。又见汤怀跟在后头，便问军师道："这可是岳飞手下的汤怀么？"哈密蚩说道："果然是汤南蛮。"金兀术说道："中原有这样不怕死的南蛮，叫我怎么能取得宋朝天下呢？"便吩咐道："将大营关好。如果汤南蛮转来，必须要生擒活捉，不可伤他性命，违令者斩！"

张九成同汤怀二人出了金营，一个平章带了五十名金兵，上前问道："哎！我奉狼主之命，领兵护送。哪一位是往五国城去的？"汤怀指着张九成道："这一位就是。一路上你们须要小心服侍！"金兵点头答应。汤怀道："张大人，末将不能远送了！"张九成哭道："今天与将军一别，恐怕今生不能相会了！"

汤怀也哭了一回。望见钦差去远了，揩干了眼泪，回马来到金营，摆着手中银枪，冲进重围。众金兵上前拦住，喝道："汤南蛮，今日你休想回营了！俺等奉狼主之命，在此拿你。你若早早下马投降，免你一死，还要封你一个大大的头目。"汤怀大怒道："哎！番贼！我老爷这几根精骨头，也不想回家乡了。"大叫一声，便走马使枪往金营中冲去，与金人大战。那汤怀的本领本来是平常的，二来那座金营有五十多里长，这杆枪怎么能杀得出去？只见那金兵一层一层围上来，大声叫道："南蛮子，早早下马投降！如果想出营，这辈子怕不能够了！"只听一声大叫，那些金兵金将刀枪剑戟一齐杀来。汤怀手中的这杆枪哪里招架得住，这边一刀、那边一枪，汤怀想道："不好了！我单人独马，今天料想是杀不出重围了。如果被金人拿住，到那时求生不能，求死不得，反而受到金人的侮辱，倒不如自尽了吧！"摆开手中的枪，左右钩开那些兵器，大叫一声："不要动手！"众金兵将士一齐住手，叫道："快快投降，免得活擒了你！"汤怀喝道："你们休要想错了念头！我汤老爷是个汉子，难道肯投降你们吗？到时候我哥哥岳大元帅前来将你们扫尽，那时直捣你们的黄龙府，捉住完颜老贼奴，将你们斩尽杀绝，到那时才叫出了我心中之气呢！"接着大叫一声："元帅大哥！小弟这辈子再不能见你面了！"又叫道："各位兄弟们！今天我汤怀与你们永别了！"就把手中枪尖调转，向咽喉上只一下，早已翻身落马而死。那些众金兵们看见汤怀自尽，慌忙报告金兀术。金兀术吩咐把汤怀首级挂在军前，将尸骸埋葬了。

　　岳飞正在营中思念汤怀，军士进来报告说："汤将军的首级，挂在金营前了！"岳飞听说大哭道："我与你自幼同窗学艺，恩同兄弟。未曾受得王封，安享太平之福，今天你先丧命在金人手中！"众将士都很悲痛。元帅吩咐备办祭礼，遥望金营祭奠。

48．双枪陆文龙

金兀术自从葬了汤怀之后，在帐中与众元帅、平章等称赞那汤怀的忠心义气，忽有士兵进帐报道："殿下到了。"金兀术传令宣他进来。陆文龙进营参见。这陆文龙进帐参见完，金兀术说道："王儿为何来迟？"文龙说道："臣儿因贪看中原景致，所以来迟。父王领大兵进攻中原日久，为何不发兵马到临安，反在这儿下营？"金兀术就把杨再兴战死小商河，岳云、严成方等大战；又因对方有十二座营寨，况且岳飞十分厉害，所以不能前进说与文龙知道。文龙道："今日天色还早，等臣儿领兵前去，捉拿几个南朝蛮子，与父王解闷！"金兀术说道："王儿要去，必须要小心！"

文龙领令出来，带领金兵一直过了小商桥，来至宋营前讨战。当有小军报告给大营。岳元帅便问两边众将："哪一位敢出马？"话没说完，旁边闪过呼天庆、呼天保两员将官，上前打躬道："小将情愿出阵，擒拿这番奴。"元帅吩咐小心前去。

二人得到命令，出营上马，带领士兵来至阵前。两军相对，各列阵势。呼天保一马当先，观看这员金将，年纪才十六七岁，威风凛凛，雄气赳赳。呼天保暗暗喝彩："好一员小将！"便高声问道："番将快通名字来！"文龙道："我是大金国昌平王殿下陆文龙。你是何人？"呼天保道："我是岳元帅手下大将呼天保。看你小小年纪，何苦来受死？倒不如快快回去，另叫一个大些年纪的来，省得说我欺你小孩子家。"

陆文龙哈哈大笑道："我听说你家岳蛮子有些本事，故来擒拿他，谅你是个小兵，有什么本事？"呼天保大怒，拍马抡刀，直取陆文龙。陆文龙将左手的枪，钩开了大刀，右手那支枪，"嚯"的一声，向呼天保前心刺来，要招架也来不及，正中呼天保心窝，跌下马来，死于非命。

呼天庆大吼一声："好你个外番奴才，怎敢伤害我兄长？我来了！"拍马上前，举刀便砍。陆文龙双枪齐举。两个交战，不上十个回合，又一枪，把呼天庆挑下马来；再一枪，结果了他性命。陆文龙高声大叫："宋营中派几个有本事的人出来会战！不要派这等无名小卒，白白地来送死！"那败军慌慌忙忙报知元帅。元帅听得二将都阵亡了，止不住伤心落泪。又命岳云、张宪、严成方、何元庆四人用"车轮战法"迎战陆文龙。

四位将领领兵来到阵前，双方分别通报了姓名。先由岳云与他交战，两人拼杀了有三十多个回合，严成方上来替下岳云，又战了三十多回合，何元庆又上来接战三十多回合，最后由张宪上来交战。小番兵看见这种战法，不论陆文龙有多厉害，总会累死的，就急忙报告金兀术。金兀术便吩咐鸣金收兵。

第二天，陆文龙又来挑战。岳元帅仍然命令岳云等四人出战，余化龙也跟了去。五人来到阵前，继续采用"车轮战法"对付陆文龙。谁知陆文龙根本不害怕,轻松应战。后来,五将上去一起打。金兀术急忙叫其他金将一起出马。一场混战一直打到天黑,两边才各自收兵。

49. 王佐施计入金营

岳云等五位将领回到营中，岳元帅见五将都战不下陆文龙，心中闷闷不乐，吩咐挂出"免战牌"，只等想出一个计策再去擒拿他。统制王佐见元帅双眉紧锁，心中愁烦，心想："我从归顺宋国以来，还没有半点儿功劳，我得想出个计策来，上可以报答皇恩，下可以解元帅的忧愁。"他一边吃酒，一边想着计谋。忽然，他想起春秋时"要离断臂刺庆忌"这段故事，于是连吃了十几大碗酒，脱下衣甲，用剑把右臂砍下来。王佐强忍剧痛用药敷好创口后，来到后营见岳元帅。

王佐进帐后立刻跪下。岳飞见他面如蜡色，满身鲜血，大吃一惊。王佐说了自己断臂假装投降，然后刺杀金兀术父子的打算，请岳飞准许他出营。岳飞流泪扶起王佐，不许他去冒这个险。王佐坚持要去，岳飞只好答应了。王佐辞别了元帅，连夜赶往金营，到金营时天已经大亮了。

番兵看到王佐，连忙进帐报告金兀术。金兀术并不认识王佐，便吩咐将他喊进来。不多一会，王佐进帐来跪下。金

兀术见他面色焦黄,衣襟被血染红了,便问他原因。王佐便谎称被岳飞砍下手臂,悲愤之下特来投靠金兀术。说完,便放声大哭起来,将袖中的断臂呈现给金兀术看。金兀术和众番将看了,都觉得很凄惨。

金兀术说:"我封你做个'苦人儿'的官,你是因我而断了臂,受这种痛苦,我养你一世快活吧!"并下令"苦人儿"可以到处居住,随便他四处走动。王佐一听,心里暗暗高兴,连忙谢了恩。

王佐每天穿营入寨,小士兵们见他已断右臂,便对他不再有什么戒心。

50．岳飞收将

再说湖口总兵谢昆奉岳飞之命押粮经过九宫山。山上有位大王姓董名先，他招集了五千多人马，占住这九宫山，打家劫舍。手下有四个弟兄：陶进，贾俊，王信，王义。当天听说岳元帅的粮草在山下经过，大喜，对四个兄弟说："我正想要夺取宋朝天下做个皇帝。那宋朝只靠岳飞一人，如果拿了岳飞，还愁大事做不成吗？如今他的粮草经过此地。怎么能放过呢？"就点起喽啰冲下山来。那谢昆吓得魂飞天外，叫声："小的是湖口总兵谢昆，奉岳元帅将令押粮在此经过。可怜小官年纪老迈，希望大王放过我们，我们将感激不尽！"那大王把谢昆看了又看，果然胡须有些白了，便说："谢昆，你倒是个老实人，我不抢你的粮草。你可迅速派人去报告你们的岳元帅，说我九宫山铁面董先大王拦阻住粮草，定要岳飞亲自来会战。"

谢昆只得扎下营寨，急急写了文书，派旗牌军连夜飞报茶陵关。元帅看了文书，大怒说："这强盗，欺负谢昆年老了，胆敢抢夺粮草！"便问一声："哪位将军前去救回粮草？"台阶前走出施全来，答应说："我愿意前往！"元帅就命令他带领五百人马，同旗牌迅速去擒拿强盗。

到了粮草营前见了谢总兵，趁天色还早，施全提戟上马，带领兵马来至山前摆开阵来，高声喊叫："强盗快快下山来投降！"士兵慌忙报告给大王。董先拿铲上马，带领喽啰飞马下山来，抬头望见施全，大声喝道："来者可就是岳飞么？"施全道："胡说！你们是乌合之众，还用得着岳元帅亲自出马吗？我是岳元帅手下统制施全。奉元帅的命令，特来拿你。"董先大怒，举起手中月牙铲照头便打。施全举戟相迎。只听得"当"的一声，打在戟杆上，震得施全两臂麻木。又是一连几铲，施全招架不住，转马就跑。

施全不敢望粮草营中来，只顾得落荒败走，一口气直跑下十来里路。回转头来，不见了董先，这才勒住马，喘息不定，忽然看见前面为首的是一位少年，生得前发齐眉，后发披肩，面如满月；头戴虎头金冠，身穿大红团花战袍，坐的是一匹浑红马。后面跟随着十四五个家将，各骑着马，手拿器械，保护着这少年一直望前而去。施全想道："那个少年如果一直往前边去，正好遇着了这个强盗，这样不就白送了性命吗？"便高声叫道："前边这少年快快转来，免得前去送命！"那少年听了这话转来向施全问道："将军叫我为的是什么事情？"施全说道："实不相瞒，我是岳元帅手下统制官施全。因为有个护粮总兵谢昆，被那九宫山上强盗阻拦住不放，我奉岳元帅军令前来保护粮草。不料强盗果然本事高强，被他打败了。所以我叫你们转来。"那少年说："原来如此。"于是就吩咐家将说："快取我的铠甲来！"家将答应一声，取过包袱解开，公子下马披挂穿衣。

施全在旁看他穿上一副就身贴体的黄金甲，翻身跳上浑红马。两个家将抬过一杆虎头錾金枪，公子拿在手中，叫声："施将军！你带我前去捉拿这强盗。"施全观看了他这一根枪杆，比自己的戟杆还粗些，想到他一定有些本事，便说道："小将军，尊姓大名？这强盗实在是厉害，不要轻看了他啊！"公子说："我今天就想去会会这个强盗，如果胜了，就跟你说姓名,如果不能取胜,你也不必问我姓名。请将军在前面带路。"

将要到九宫山,施全把手一指说道:"前面半山里的人马,就是强盗营头。"那小将军催马来到山下,高叫一声:"快叫那董先强盗下来,认认我这个小将军!"那董先见了公子,便骂道:"施全,你这狗男女也不是人,怎么去叫一个小孩子来送命?"公子道:"你就是董先吗?"董先说:"既然知道我名字,就该逃走,怎么还敢问我?"公子说道:"我看你也像是一个好汉,现在正是用人之际,为何不改邪归正,挣个功名呢?我也是要去投岳元帅的,不如同我一起去了;如果一味逞强,恐怕连你性命都保不住!你可要仔细想想啊。"董先说:"你这小毛虫有何本领,竟敢口出狂言?我要打死你!"于是一铲打来。公子摆了摆这杆虎头枪,在他铲柄上一托,"当"的一声响,"刷刷刷"一连几十枪,杀得董先手忙脚乱,浑身直冒臭汗,哪里招架得住?只得调转马头败上山去,大叫:"兄弟们,快来!"

那陶进等四人让过董先,一齐骑马冲下山来,一见那位小将军,叫声:"啊呀,原来是公子!"慌忙跳下马来跪下。公子也下马来说道:"我祖爷原来叫你们去投奔岳元帅,怎么反而在这里落草为寇?"原来这四人是张元帅原先的将领,所以认得公子,接着便说道:"小将们原要去投元帅的,因为从这里经过被这董哥拿住,结为兄弟,所以流落在此。不知公子为何到了这里?"公子说:"我遵照爷爷的命令去投岳元帅。遇见了施将军,说你们挡了粮草,故来此地。我想你们在这里做强盗,终究没有什么结果。既然与董先结义,为何不劝他归顺朝廷,同我一起到岳元帅营前效力呢?"陶进等领了公子的话，连忙上山去劝董先。

施全看见公子在那里降伏这四人，便来问家将道："你家公子，是什么人？为何认得这个强盗？"张兴说道："我家公子名叫张宪。我家老爷，便是金陵大元帅，现在已经不在人世了。我家太老爷，因为有半股疯疾，所以命令我家公子前去投靠岳元帅。"施全听了大喜，连忙下马来见了公子。谢总兵听说此事，也出营来迎接。恰好陶进等四人下山来见公子说道："小将们说起先老爷的事情，董哥也佩服公子英雄，情愿归顺岳元帅。但是要收拾一下寨中，希望公子等我们一天一起同行。"公子说道："没关系。你们可以一起去帮助收拾，我在这里等候就是了。"四人领了命令回山。这里谢昆、施全迎接张宪见礼已完。施全安排酒饭款待。

第二天，董先等五位好汉收拾干净，放火烧了山寨，带领数千士兵下山来。谢昆接进营中，与施全、张宪见过礼。施全把兵分为两队，往茶陵关而去。

谢总兵到了关下扎营，同众将领来到辕门口等候命令。旗牌禀过元帅，元帅传话说进来相见。谢昆、施全先把九宫山铁面董先降顺的事及会见公子的话，细细禀明。岳飞大喜，便叫道："快请张公子来相见。"公子上前参见，将祖父的书双手呈上。岳飞接过看了，随即离开座位相扶道："公子在我这里，也是为朝廷出力。"于是就吩咐张保："将行李送到我衙门中，早晚之间还可以说说话。"张保领了命令而去。岳元帅又命令董先等五人上堂。岳飞说道："你们在我这里，一定要为国家出力，建功立名，博个封妻荫子，不枉做了一回男人。"董先等谢过。

51. 曹宁弑父

曹宁原是北国中的一员勇将，比陆文龙更狠，使一杆乌缨铁杆枪，有碗口样粗细。那金兀术现在幸亏小殿下连胜两阵，岳元帅就挂出"免战牌"，所以暂且停兵。曹宁要显示他的手段，金兀术就令曹宁出马讨战。

曹宁领兵来到宋营前，吆喝道："咳！听得你们岳家人马，如狼似虎。为什么挂出这个羞脸牌来？有本事的可出来会会我曹将军。"小兵忙进营中，下边气坏了徐庆、金彪，上前禀道："小将到这里来，并未立得功劳，情愿出去擒拿这贼献功。"岳元帅就命撤去了"免战牌"，准他二人出马。

二人领命，来到阵前。徐庆上前大喝一声："金将通名！"曹宁说道："我是金国四太子手下大将曹宁。你是何人？"徐庆道："我是岳元帅帐前统制徐庆。快来领我的宝刀！"不由分说，就是一刀砍去。曹宁跑马上前，只一枪，徐庆就翻身落马。金彪止不住心头大发，大骂："小贼，怎敢伤我兄长？看刀！"摇动三尖刀，劈面砍去。曹宁见他来得凶猛，把枪架开刀，回马便走。金彪拍马赶来。曹宁回马一枪，望金彪前心刺来。

金彪躲闪不及，正中心窝掉下马来。曹宁把枪一招，金兵一齐上前，杀得宋兵大败逃奔。曹宁取了徐庆、金彪二人的首级，回营报功去了。

宋兵背了没头的尸首回营，报告元帅。岳飞听报，双眼流泪，传令备棺收殓。当时气坏了小将张宪，请令出战。元帅答应。

张宪提枪上马，来至阵前讨战，指名要曹宁出马。曹宁得报，领兵来至阵前，问道："你是何人？"张宪道："我是大元帅岳爷手下大将张宪。"曹宁说道："你就是张宪？正要拿你呢。"二人拍马大战，双枪并举，战了四十多回合，不分胜败。看看红日将要落下，方才停战，各自收兵。

第二天，曹宁带兵又到阵前喊战。元帅令严成方出去迎敌。严成方领令来到阵前。曹宁叫道："来的是什么人？"严成方说道："我是岳元帅手下统制严成方。你这个小贼，可就是曹宁么？"曹宁道："我就是四狼主帐前大将军曹宁。既然知道我名字，为何不下马来投降？"严成方道："我正要拿你呢。"举锤便打。曹宁举枪架住。大战四十多回合，直至天晚，才各自收兵。

一连战了数天，元帅只得又把"免战牌"挂出。岳元帅见金营又添了一员勇将，越觉得十分愁闷。

再说金营内王佐听说此事，心下惊慌，来至陆文龙营前，进帐见了文龙。文龙说道："'苦人儿'，今天再讲些什么故事？"王佐说道："今日有绝好的一段故事，这些小士兵都叫他们出去，只让你一人听。"文龙吩咐伺候的人都出去。王佐便取出一幅图画来呈上说道："请你先看了，然后再讲。"文龙接过来一看，只见那图上的人有些认得，好像是父王。又见一座大堂上，死着一个将军，一个妇女。又有一个小孩子，在那妇人身边啼哭。又见画着许多金兵。文龙又说道："'苦人儿'，这是什么故事？你来讲给我听。"王佐说："你略略过来一下，待我指着图画讲。这就是中原潞州。

这个死的老爷，官做到了节度使，姓陆名登。这死的妇人，就是谢氏夫人。这个是公子，名叫陆文龙。"陆文龙道："'苦人儿'，怎么他也叫陆文龙？"王佐道："你听着，金兀术兵抢潞州，这陆文龙的父亲尽忠报国了，夫人自杀了。金兀术见公子陆文龙幼小，命令乳母抱好，带往他国，认作自己的孩子，现在已十三年了。他不为父母报仇，反认仇人为父，难道不痛心吗？"陆文龙说道："'苦人儿'，你明明在说我。"王佐道："是你，难道是我不成？我断了臂膀都是为了你！若不肯相信我的话，可进去问奶妈便知道。"话还没说完，只见那奶妈哭哭啼啼走了出来，说道："我已听了很久了。将军的话，句句是真！老爷、夫人死得好苦啊！"说完，放声大哭起来。

　　陆文龙听了这话，泪盈盈地说道："不孝之子，怎么知道这桩苦事？今天才知道，怎么不为父母报仇？"便向王佐下拜说道："恩公受我一拜，此恩此德，今生不忘！"拜罢起来，拔剑在手，咬牙恨道："我去杀了仇人，取了首级，归顺宋朝！"王佐急忙拦住道："公子不可造次！他帐下人多，大事不成，反受其害。凡事必须要三思而后行！"公子说道："依照恩公怎么办呢？"王佐说道："等你立了功，再归宋也不迟。"公子说道："知道了！"那些士兵在外，只听见啼哭声，哪里晓得什么底细？

　　王佐问道："那曹宁是什么出身呢？"文龙说道："他是曹荣的儿子，在金国长大的。"王佐说道："我看这人，倒也忠直得很。公子可请他来，待我用话问他。"公子听说，命人去请曹将军来。不多时，曹宁已到，下马进帐，见了礼，坐下。只见王佐从外面进来，公子说道："这是曹元帅，你可要行礼。"王佐与曹元帅见了礼。文龙道："元帅，他会讲好故事的。"曹宁说道："可叫他讲一个给我听听。"王佐便将那《越鸟归南》、《驸骝向北》两个故事说了一遍。曹宁说道："鸟兽还知道思乡念主，难道作为人反而不如鸟兽吗？"文龙说道："将军你可知道你的祖先是哪儿的吗？"曹宁说道："殿下，曹宁年幼，实在是不知道啊。"文龙说道："是宋朝人啊！"曹宁说道："殿下怎么晓得的？"文龙说道："你问'苦人儿'便知道了。"曹宁说道："'苦人儿'，你知道吗？"王佐说道："我晓得。你父亲被山东刘豫骗了，投降了金国，被封为赵王，身陷金国。你却不想报父亲之恩，反把祖宗抛弃，我故说这两个故事。"曹宁说道："'苦人儿'，殿下在此，休得胡说！"陆文龙就将王佐断臂来寻访，又将自己的冤情一一说知，然后说道："将军陷身于金国，岂不可惜？所以特地请将军来商议。"曹宁说道："有这样的事么？那我去投靠宋营就是了。只怕岳元帅不信，不肯收留我。"王佐说道："等我写一封信给将军带去就是了。"随即写书交给曹宁。

曹宁接过收好，辞别回营，想了一夜，主意已定。到了第二天清早，便起身披挂齐整，上马出了金营，一直到宋营前才下马说道："曹宁想拜见元帅。"军士去报知元帅。岳元帅说道："可叫他进来。"曹宁来到帐前跪下说道："罪将特地来归降。现有王将军的书信送上。"元帅接书信拆开观看，心中明白，大喜并说道："我弟断臂降金，现在立了奇功，也不枉他吃了一番痛苦。"于是将书信藏好，说道："曹将军不抛弃家乡，不辜负祖宗，复归南国，可是真正的勇士啊！可敬，可敬！"吩咐旗牌："给曹将军换上衣甲！"曹宁谢过了。

再说金营内四狼主第二天听见报告，说曹宁投宋去了，心中正在恼闷。忽见小卒又报上帐来，说是赵王曹荣解粮到了，金兀术说道："传他进来。"不一会儿，曹荣进帐，见了金兀术禀告道："粮草解到。缴令。"金兀术说道："将他绑了。"两边答应一声，将曹荣绑起。曹荣说道："粮草不是我误了期限，只因为天下雨，所以迟了两日，望狼主开恩！"金兀术说道："胡说！你命儿子归顺宋国，难道不是父子同谋？还有什么可狡辩的？给我推出去砍了！"曹荣说道："容我禀明情况，即使死了也无遗憾的。"金兀术说道："好，你说说吧！"曹荣禀告道："我实在不知道逆子归顺了宋国。只求狼主宽恩，待我前去擒了这逆子来就是了。"金兀术说道："既然如此，松绑吧！"就命领兵迅速去擒拿曹宁。

曹荣领命出营，上马提刀，带兵来到宋营。曹荣对军士说道："快快报进营去，说我赵王到了这里，只叫曹宁出来见我。"军士进帐报知元帅。元帅发令叫曹宁出营来，吩咐说道："须要见机行事，劝你父亲早早归宋啊。"

曹宁得令，上马提枪，来到营前一看，果然是父亲。那曹荣看见儿子改换了衣装，大怒骂道："逆子！见了父亲还不下马？如此无礼！"曹宁说道："爹爹，我如今是宋将了。我劝爹爹早日改邪归正，复保宋朝，祖宗子孙都有幸了，爹爹可要三思啊！"曹荣大叫道："混账！难道你连父母都不顾惜，背主求荣？快随我去，听候狼主发令。"曹宁说道："我一向不知道,你背主降奴。为何不学陆登、张叔夜、李若水、岳飞、韩世忠?偏你献了黄河,投顺金邦?眼见二帝坐井观天,你于心何忍,跟禽兽有什么不同?你若不依,请你自己回去,不必多言!"曹荣大怒道:"畜生!擅敢出言无理。"拍马舞刀,直取曹宁,望顶门上一刀砍来。那曹宁一时怒发,按捺不住,手摆长枪只一下,将父亲挑死,吩咐军士抬了尸首回营,进帐缴令。

　　元帅大惊道:"你父不肯归宋,你只要回来就是了。哪有儿子杀父亲的道理?"曹宁想道:"元帅说得有道理。"大叫一声:"曹宁没能早遇见元帅,听少了教训,以至于不忠不孝,还有什么颜面见人?"于是就拔出腰间的佩刀,自刎而死。元帅叹息,命令用棺材将他厚葬。

52．大破连环马

金兀术正在听小番兵报告曹荣父子的事情，本国元帅完木陀赤、完木陀泽带领"连环马"前来助战。金兀术特高兴，传令来相见。金兀术说："这'连环马'练了几年工夫，今天才练成功！明天就烦两位出马。擒拿岳飞，就全靠你们的'连环马'了。"两人领命离开了。

第二天，完木陀赤两人便领兵前来宋营讨战。岳元帅知道了，便命令董先率领陶进、贾俊、王信、王义四位将领领五千人马出战。

董先五人带兵来到阵前迎战，董先只用五六个回合就打败了完木陀赤。完木陀泽见哥哥不是董先的对手，便提着浑铁锏前来助战。陶进等四人见了，各举大刀冲上来，七个人杀成一团。完木陀赤两人终究不是董先等五人的对手，只得回马败走。董先等人拍马追赶，一直追到番营前，只听一声炮响，番营里涌出五千人马来，每匹马身上都披着生驼皮甲，头上都用铁钩铁环连锁着，每三十匹一排。马上军士都穿着生牛皮甲，脸上也戴着用牛皮做成的面具，只露出两只眼睛。一排骑手拿弓弩，一排骑手持长枪，一共是一百排。宋军还不知道是怎么回事，连环马已经从四面八方包围过来，把五位宋将及五千军士团团围住。尽管五位将军率领五千将士拼命冲杀，可怎么也伤不到连环马的一根毫毛，而连环马上的番兵番将却疯狂地枪挑箭射。不到一个时辰，可怜宋军董先等五将及五千人马，都死于阵内。侥幸逃出的几个伤兵，连忙回营禀明岳元帅。

岳飞听说五虎将全部阵亡，满面泪痕。他嘱咐士兵把阵亡将领安葬，然后寻思着如何破金兵的"铁甲连环马"。突然他想起当年呼延灼曾用过这个阵法，徐宁使用钩镰枪破了此阵。于是他命令孟邦杰、张显各带三千士兵去练钩镰枪；张立、张用各领三千士兵去练藤牌。

岳飞在朱仙镇守卫，使得金兵不能南下作战，金兀术心里十分着急。军师哈密蚩献计说："岳飞如此厉害，况且他兵马又多，拿不下他，我有一计：狼主可派一员将官，去取临安，岳飞知道后必然回救，我大军再追击他身后，使他首尾难顾，到那时胜利就有了把握。"

金兀术听后连说妙计，他立即派番将鹘眼郎君带领五千兵马，偷抄小路，渡过夹江，向临安进发。

再说孟邦杰、张显、张立、张用把钩镰枪和藤牌练熟后，来见岳元帅。岳元帅叮嘱一番，便令他们去破阵，又令岳云、严成方、张宪、何元庆带领五千人马，在外面接应。众将领命去了。

在番营门口，孟邦杰等四将呐喊讨战。不一会儿，完木陀赤、完木陀泽带兵出营迎战。双方互相报了姓名。张立性急，冲上前便与两番将交战，才战了几个回合，番将便假装失败进入营中，孟邦杰四人追赶上去。只见那些小番兵吹号击鼓，一声炮响，三千"连环马"从周围团团围攻上来。张立看见，吩咐三军用藤牌从四面遮住，使得那些弓箭强弩都打不进来。孟邦杰、张显趁机带领人马，使开钩镰枪一连钩倒了数骑"连环马"。由于"连环马"是每三十匹用铁链锁在一起的,只要钩倒其中一匹马,其他马都会跟着倒下去;而且这些"连环马"身上都披了沉重的铁甲,摔倒后就无法再爬起来,只要前排一倒,后面追来的马都会被绊倒。不多时,五千匹连环马都摔倒在地上,摔下来的番兵、番将互相践踏起来。

这时只听得宋营一声炮响,岳云、张宪从左边杀来;何元庆、严成方从右边杀来。番将怎么能招架呢?这一阵打杀,将"连环马"全都挑死了。宋军大获全胜,全军欢声雷动。

金兀术得知连环马被歼灭了,十分难过。他的制胜法宝失灵了,但他又希望另一个法宝——铁浮陀能起作用。

这天,金国把铁浮陀送到了金兀术大营。这铁浮陀实际上是一种带轮子的火炮。王佐、陆文龙知道后,赶快给岳飞送信,怕时间太久来不及,最后王佐写了密信绑在箭上,让陆文龙射出去。岳飞很快得到了情报,想出对策。他布置好兵马,通知各营将士,悄悄退到凤凰山躲避。

到二更时分,金兀术传下号令,把铁浮陀推到宋营前,点燃轰天大炮,向宋营猛烈攻击,只觉得山摇地动,宋营上空顿时硝烟弥漫。当时众元帅在凤凰山上看到这威力巨大的火炮,无不感激在金营中的王佐和陆文龙。金兵打完炮后,要推着铁浮陀回营。岳云、张宪从半路杀出,杀死了推炮金兵,把铁浮陀全部推入小商河。岳飞等天亮后,又率领部队回到大营。

53．朱仙镇扬威

金兀术用铁浮陀把宋营轰打成一片焦土，以为岳飞大军必然全军覆没了，番营上下欢天喜地，纷纷摆酒庆贺，直饮到天亮。

天亮时一看，铁浮陀已经不见了，士兵们告诉他，那大炮已被宋军推进了小商河。他气得暴跳如雷。他想：肯定有人将消息传了出去，不然宋兵怎么会有如此周密的准备。他传小士兵把"苦人儿"叫来，有士兵报告说："王佐和陆文龙背着奶娘，五更时出营了。"金兀术一下就明白了，原来消息是他们传出去的。自言自语地说："算了！算了！是我自己养的老虎啊。"

金兀术气愤到了极点，哈密蚩上前劝说他不必生气，并说自己研究出了一种叫金龙绞尾阵的阵法，活捉岳飞就在这几天。金兀术转怒为喜，命军士日夜操练。

岳飞见这两天不见金兵来讨战，觉得奇怪。他登上高山一看，发现金兵正在操练金龙绞尾阵。这种阵法他一看就明白了，原来这阵法只是长蛇阵的变种。岳飞根据他的阵形布置了宋军的作战办法。接着，两军展开一场血战。

再说金门镇总兵狄雷听说岳飞在朱仙镇抗金，拿起两柄银锤，骑马奔驰到朱仙镇，半路上遇见了小将樊成。两人都为抗金而来，一路结伴而行。路上又碰见关铃提着偃月刀赶来，三人通报了姓名，一同来到朱仙镇。

三人来到阵前，不管情况如何，拍马向两军中间冲去。

面对这突如其来的砍杀，金兵一下慌了手脚，顿时乱作一团。金兀术一看大怒，走下将台，提斧上马迎击，正好遇上关铃。关铃舞动偃月刀，迎头就砍，狄雷、樊成也赶来，三人围战金兀术。一柄刀、一杆枪、一对锤杀得金兀术招架不住，拨马而逃。

岳飞指挥兵马继续追赶金兵。岳云、严成方、何元庆、狄雷各使双锤，八锤大闹朱仙镇，此起彼落，杀得金兵横尸遍野。

金兀术被杀得大败，最后只得带领五六千人马逃走，岳飞一直追到金牛岭才安营扎寨。

54．十二道金牌召回岳飞

朱仙镇大败，使金兀术整日忧愁。这时，哈密蛋献上计策，决定利用秦桧设计陷害岳飞。于是，哈密蛋一路装扮成汴京人的模样，打听到秦桧夫妇正在西湖上游玩，便跟随而来，他在蜡丸中藏了书信交给秦桧。

秦桧将蜡丸剖开，看了金兀术的亲笔信，便对王氏说："狼主要我谋害岳飞，该怎么行动呢？"王氏道："相公官居宰相，这些小事有什么难办，只要慢发粮草，假称要与金国议和，要他收兵回朱仙镇，然后再想一计，将他父子害死，这不就好了吗？"说完，两人哈哈大笑起来。

再说岳元帅打了胜仗，在金牛岭扎下营来，犒赏兵将，一面写本进朝报捷；一面催聚粮草，准备发兵扫北，直捣金国的老巢黄龙府，迎回两位先皇。不料粮草却迟迟不到，正要派官进京催粮，忽报圣旨下，却是召岳飞班师回朱仙镇歇息养马，等秋收粮足，再商量发兵。岳飞无奈，只得照办。岳飞觉得前途未卜，命运难测，于是让岳云同张宪回家照顾母亲，传授兄弟些武艺。打发走岳云后，又命令张保到濠梁担任总兵。岳飞把身边的事安排妥当之后，突然又接到一道圣旨。原来圣上传旨令众元帅、节度使暂时回本地，候粮听命，岳元帅留在朱仙镇屯田养马。于是各位元帅、节度使、各镇总兵纷纷辞别岳元帅，带兵各回本地去了。

一年过去了，岳元帅正在帐中研读兵书，忽报圣旨下。召他带兵进京，加封官职。钦差一走，众将道："元帅，奸臣在朝,不可草率进京,怕遭陷害啊!"岳元帅道:"为兄心中明白,但皇上命我进京,怎能抗旨?我知道这次去一定凶多吉少。我把军队驻扎在这里不动,独自去面见皇上。众兄弟们一定要同心同力,为国家报仇雪耻,迎回两位先皇,我岳飞就是死了也没有遗憾!"正说着话,朝廷又发金牌来催元帅起身,一连发了十二道,如果再拖延,就是违抗圣旨了。

岳飞默默无语,走进帐中,唤过施全、牛皋二人,把帅印交给他俩代理掌握。他又点了四名家将,带着王横起身。众统制及众军士,齐出大营跪送,岳飞对众兵将好言劝慰了一番,骑上战马上路了。

刚出大营,朱仙镇上的百姓得到了消息,他们一路扶老携幼,头顶香盘,苦苦挽留岳飞,哭声萦绕朱仙镇上空。岳飞一路向大家解释"君命不可违抗",挥泪告别。

55. 三畏挂冠

岳飞渡过长江，到了京口，上岸骑了马吩咐："悄悄地过去，不要惊动了韩元帅，又要耽搁。"于是快马加鞭过了镇江，往丹阳大路进发。等到韩元帅闻报，派家将追上去，岳飞已走过了二十多里，韩元帅只好作罢。

岳飞在路上走了两三天，到了平江，忽然看见对面锦衣卫指挥冯忠、冯孝，并带领校尉二十名。两个人撞了个正着。冯忠便问："前面来的，莫非就是岳元帅吗？"王横上前答道："正是帅爷。你们是什么人？问他干什么？"冯忠道："有圣旨在此。"岳飞听得有圣旨，慌忙下马叩头。冯忠、冯孝就将圣旨打开，读道："岳飞官封显职，不思报国，反按兵不动，克减军粮，纵兵抢夺，有负君恩。派锦衣卫押解来京，候旨定夺。钦此！"岳飞正要谢恩，只见王横双眼圆睁，双眉倒竖，抡起熟铜棍，大喝一声："住手！我是马后王横！我随元帅征战多年，别的功劳不说，就如今的朱仙镇上二百万金兵，我们舍命争先，杀得他片甲不留，怎么反要拿我帅爷？哪个敢动手，先吃我一棍！"岳飞道："王横，这是朝廷旨意，你怎敢啰嗦，害我犯不忠之名！算了，不如自刎了，以表我的心迹吧。"于是向腰间拔出宝剑，就要自刎。四个家将慌了，一起上前抱住，抢下了宝剑。王横跪下哭道："老爷难道任凭他拿去不成？"冯忠见这般景象，随即提起腰刀来砍王横。王横正要起身，岳飞喝一声："王横，不许动手！"王横再跪下来时，已被冯忠一刀砍中头上，众校尉一起上来。可怜王横半世豪杰,今天被乱刀砍死!

却说那四个家将见风声不好,骑着岳飞的马,捡了铜棍,带了宝剑,趁着喧闹声一起走了。岳飞止不住眼泪流下来,对冯忠道:"这个王横也曾经为朝廷出力,今天触犯了钦差,死在这个地方。望钦差给他一口棺木,免得尸体暴露在外!"冯忠答应了,就命令地方官备下一口棺材,隆重出殡。一面暗暗将秦桧的文书传递给各地方官府,禁止船只往来,见有船只必细细盘问,不许走漏风声;一面将岳飞押上囚车,押往临安,到了城里,暗中送往大理寺狱中关起来。

第二天,秦桧传下一道假旨,命大理寺正卿周三畏审问。三畏接到了圣旨,供在公堂,就在狱中提出岳飞审问。岳飞来到堂上,见中央供着圣旨,连忙跪下道:"犯臣岳飞朝见,愿我皇万岁万岁万万岁!"拜完,然后与三畏互相问好,说道:"大人,犯官有罪,只求大法台从公审问!"三畏请过圣旨,然后在正中坐下,问道:"岳飞,你官居显爵,不想着发兵进攻金贼,以报国恩,反而按兵不动,坐观成败,又克扣军粮,你有什么好说的?"岳飞道:"法台老大人此话差矣!如果说按兵不动,犯官刚刚打败了金兵一百多万,收复中原,已在眼前,忽然奉圣旨要召回朱仙镇兵马。现在元帅韩世忠、张信、刘琦等可以作证。"周三畏道:"这按兵不动,被你说过了,那克扣军粮的事是有的了。还有什么要说?"岳飞道:"岳飞一生爱惜军士,如父子一般,所以人人都愿以死效命。克了什么人的粮食?扣了什么人的柴草?也要有人指实。"三畏道:"现有你手下军官王俊的告帖在这儿,说你克扣了他的口粮。"岳飞道:"朱仙镇上共有十三座大营，有三十多万人马，怎么单单克扣了王俊的粮草？望法台大人详察！"周三畏听了，心中暗暗想道："这桩事，明明是秦桧这奸贼设计陷害他。我如今身为法司，怎肯以屈刑加给无罪的人？"便道："元帅暂且请下狱，等下官奏过圣上，候旨再定夺。"岳飞谢了，狱卒又将岳飞送入狱中监禁。

那周三畏回到衙门，闷闷不乐，仰天叹息道："得宠思辱，居安思危。岳飞做到这样的大官，有这等大功，今日反受这奸臣的陷害。我不过是一个大理寺，在奸臣掌握之中，若是委屈了岳飞，良心何在？如不从奸贼计谋，必遭其害。真是进退两难啊！不如抛弃了这官职，隐姓埋名，远离这个是非之地，岂不更好？"定了主意，暗暗吩咐家眷，收拾行囊细软。解下束带，脱下罗袍，将印章等都安放在案桌之上。等到五更，带了家眷并几个心腹家人，私出涌金门，潜身脱走了。

到了次日天明，吏役等方才知道周三畏走了，慌忙到相府去报知。秦桧大怒，要将衙吏治罪，众人再三哀求，方才饶了。就限定在这一干人身上，着落他们缉拿周三畏。秦桧见周三畏不肯依附他，想了一会儿，便吩咐家人悄悄去请万俟、罗汝楫来。那万俟原是杭州府一个通判，罗汝楫是个同知。这两个人在秦桧门下走动，如狗一般。听说是太师相请，连忙坐轿到相府来参见。秦桧道："只因老夫昨日差大理寺周三畏审问岳飞的罪案，不想他挂冠逃走，现在缉拿治罪。老夫明日奏闻圣上，立即升你二位抵代此职，委任你们审理此案。必须严刑酷拷，审实他的罪案，害了他的性命！若成此大功，另有升赏。不可违背了老夫的意思！"二人齐声说道:"太师爷的旨意,卑职怎敢不遵守?包在我二人身上,断送了他性命就是了。"

第二天,秦桧就将万俟卨升做大理寺正卿、罗汝楫做了大理寺丞。二人即刻上任。

56. 被害风波亭

过了一日在狱中提出岳飞审问。岳飞抬头一看，见堂上不是周三畏，便问提牢狱卒道："怎么不见周老爷？"狱卒说道："周老爷不肯审问这事，挂冠走了。今日是秦丞相升万老爷、罗老爷做了大理寺，派他来审问的。"岳飞道："完了，完了！他前日解粮来，拖延时间，被我打过四十大板。当初懊悔不曾杀了他，今日反倒死在两贼手中！"就走上堂对着二人举手道："大人在上。岳飞没有公服，恕不施礼了！"万俟道："胡说！你是朝廷的叛逆，我奉旨审问，怎么见了我不跪呢？"岳飞道："我有功于国家，无罪于朝廷，审问我什么？"罗汝楫道："现在你部下军官王俊告你按兵不动，虚运粮草，诈称无粮。"岳飞道："朱仙镇上现有十三座大营，三十万人马，怎说无粮？"万俟道："强词夺理，难道要我向你下跪吗？"岳飞道："我是统兵都元帅，怎么反来跪你？"二人道："不要与他讲，请过圣旨来。"二贼即将圣旨供在中间，岳飞只得跪下。

那二贼将公案移在旁边下首坐着，便道："岳飞，你快快将按兵不动、私通外国的情况招上来。"岳飞道："既有告人王俊，可叫他来面证。"万俟道："那王俊是北边人，到了这临安来，不服水土，吃多了海蜇胀死了。人人都说你是个好汉，这小小的杀头罪就认了罢，何必有这么许多牵扯？"岳飞道："胡说！别样犹可，这叛逆的罪，如何能随便认了？"二贼道："既不招，左右先给我打四十。"左右一声吆喝，将岳飞扯下来，重重地打了四十下。可怜打得岳元帅鲜血迸流，死去复醒，只是不肯招认。二贼又将岳飞拷问一番，命人用檀木夹岳飞手指，并用杖敲打，打得岳飞头发散开，就地打滚，指骨尽碎！岳飞只是呼天捶胸，哪里肯招？二贼只得命狱卒仍旧带他到监狱，明日再审。

　　二贼退回私宅，商议了一番，弄出新刑法来，叫做"披麻问"、"剥皮拷"。连夜将麻皮揉得粉碎，鱼胶熬得烂熟，准备好了。次日，又带岳飞出来审问。万俟道："岳飞，你好好将按兵不动、意图谋反之事快快招来，免受刑法。"岳飞道："我一生立志恢复中原，雪国之耻。现在朱仙镇上同着韩、张、刘众元帅，力扫金兵二百万。若再宽限几日，正好进兵燕山，直捣黄龙府，迎取二帝还朝。不意圣旨促我回兵歇马，连用金牌十二道召我回来。哪有按兵不动之事？十三座营头，三十多万人马，若有克扣军粮，怎么能够安然无恙？岳飞一片忠心，苍天可表！叫我招什么呢？"万俟道："既不招，夹起来。"左右即将岳飞夹起，又喝打了一回。岳飞受刑不过，大叫道："既要我招，取纸笔来，待我亲写招状。"二贼大喜，叫典吏给他纸墨笔砚。

　　岳飞接了，写成一张招状，递与二贼。二贼接来一看，只见上面写道：武胜定国军节度使、神武后军都统制、湖北京西路宣抚兼营田大使、节制河北诸路招讨使、开府仪同三司、太尉、武昌郡开国公岳飞招状：飞生居河北，长在汤阴。幼日攻习诗书，壮年掌握军兵。正值权奸板荡艺祖之鸿基，复遇靖康丧败皇都之大业。三千粉黛，一旦遭殃；八载胭脂，霎时被掳。君臣北狩，百姓流离。万民切齿，群宰相依。幸面圣主龙飞淮甸，虎踞金陵；帝室未绝，乾坤再造。不思二帝埋没沙漠，乃纵奸臣弃权于庙廊。丞相虽主通知，将军必争用武。飞折矢为誓，与众会期。东连海岛，学李责跨海征东；南及滇池，仿诸葛渡泸深入。羡班超辟土开疆，慕平仲添城立堡。正欲直捣黄龙，迎回二圣；平吞鸭绿，一统中原，方满飞心，始全予志。昔者群雄并起，寇盗纵横，区区奋身田野，注籍戎行。戚方本国家大盗，鞭指狼烟自息；王善乃太行巨寇，旗挥即便剿除。降刘豫一贼之功，缚苗、刘二将之力；收杨虎、何元庆军中之助，服曹成、杨再兴帐下之雄。斩杨幺于洞庭湖，败金兀术于黄天荡。牛头山杀贼，尸积如山；汴水河创金，血深似海。北方闻我兵进，人人胆破；南岭见我旗至，个个心寒。朱仙镇上，百千铁甲奔逃；虎将麾前，十二金牌召转。前则遵旨屯兵，今乃奉征见帝。有贼权奸，谋诛忠直。设计陷我谋反，将飞赚至监牢。千般拷打，并无抱怨朝廷；万种严刑，岂自出于圣主？飞今死去，阎罗殿下，知我忠心。速报司前，明无反决。天公无私，必诛相府奸臣以分皂白；地府有灵，定取大理寺卿共证是非。飞所供是实，如虚，甘罪无辞。

万、罗二贼看了大怒，让左右将岳飞衣服去了，把鱼胶敷上一层，将麻皮搭上。

一时间，将岳飞身上搭了好几处，问："岳飞，招不招？"岳飞说道："你误了军粮，我打了你四十大板，今日想陷我于死地。我死后一定成为厉鬼，杀你二贼！"二贼大怒道："你性命只在顷刻，还敢胡言？"吩咐左右："给我扯！"左右一声答应，就把麻皮一扯，连皮带肉去了一块。岳飞大叫一声："痛死我了！"霎时晕了过去。左右连忙用水来喷醒。万俟又叫："岳飞，你若不招，叫左右再扯。"岳飞大声叫道："罢！罢！我如今就死了也罢！我那岳云、张宪，不要坏了我一世忠名才好！"那二贼听见此言，直吓得汗流浃背，把舌一伸，就吩咐掩门。左右答应一声"吓"，就把门掩了。二贼假意起身，请岳飞坐了，说道："下官看元帅的供词，尽是大功。我二人本欲上本保留元帅。怎奈是秦丞相的主意？此本绝难到得圣前。方才元帅说有公子并贵部张宪，为何不修书一封，请他到此，上一辩冤本？下官二人就好从中帮助，不知元帅意下如何？"岳飞道："很好！很好！即使圣上不准，我也情愿与这两个孩儿同死在此，方成全我父子二人忠孝之名。"随即写了一封家书，交与万俟。万俟吩咐仍送进狱中。

这两个贼子带了岳飞的招状，忙到相府通报。秦桧命进私宅相见，看罢供状，大怒道："岳飞如此无理，何不一顿就打死了他！"万俟道："太师爷不知，岳飞写了此辞，小官即要加以严刑，忽听他大叫道：'我如今就死了也罢！我那岳云、张宪，不要坏了我一世忠名才好！'小官倘若打死了他，那岳云、张宪有万夫不当之勇，领兵前来。不要说我与丞相，那朝廷也难保！为此小官忙掩了门，向岳飞假说救他，骗他写书叫岳云、张宪上辩冤本，来呈与太师爷。"秦桧看了大喜，进书房中唤过惯写字的门客来，将岳飞的笔迹，照样套写更改了数句，说是：奉旨召回临安，面奏大功，朝廷甚喜。你可同了张宪速到京来，听候加封官职，不可迟误。

这时临安有两个财主，本是个读书君子，一位姓王名能，一位姓李名直。他二人晓得岳飞受了冤屈，就替岳飞上下花钱。那狱卒得了钱财，多方照看，替岳飞洗净棒疮，用药敷上。那狱官倪完原是个好人，见岳飞是个功臣，被奸臣所害，明知冤屈，故也用心服侍。因此岳飞在监狱得以安然无事。

濠梁总兵张保，自从和妻子洪氏领了儿子张英到任上来，过了一年多，忽听一日有军校来报："岳元帅在朱仙镇上屯兵耕地，忽然有圣旨召回，不知何事。"张保听了，好疑惑，便同夫人洪氏商议，收拾了行李，将总兵印信挂在梁上，带了三四名家将，悄悄地一路望汤阴而来。

不一日，来到永和乡岳家帅府门首，将车马停住。张保夫妻同儿子来到内堂，拜见了夫人，又拜见了巩氏夫人，然后将不愿做官的事说了一遍。夫人说道："总兵来得正好。一月前传闻老爷钦召进京，前日老爷忽又差人持书信来，把大公子并张将军叫了去，不知为何事，我好挂念！"张保道："既有此事，夫人不叫小人去，小人也要走一遭。"

次日饭后，张保吩咐了妻儿几句，收拾了一个包裹，望临安进发。晓行夜宿，走了好多天。到了大江口，前路一望茫茫荡荡，并无一只渡船，忽见一个渔人，手中提着一壶酒，篮内不知放些什么东西，一直走向芦苇中去。张保就跟着上去一看，却是滩边泊着一只小船。那人提着东西上船去了。张保叫声："大哥！请让我和你一起渡过河去！"那人道："如今秦丞相禁了江，不许船只往来。"张保道："我有紧要事，大哥答应我吧，我不会忘了你的恩德！"那人道：

"既如此，你可上船来耽搁一会儿，等到半夜里渡你过去。"那人便将牛肉装了一碗，筛过一碗酒，捧与张保，张保一连吃了几碗，觉得有些醉意，一面歪着身子，靠在包裹上打盹。一更天气，那人走出船头将缆解了，轻轻地摇到江心，钻出舱来，就把那条缆绳轻轻地将张保两手两脚捆住，那张保在梦里惊醒，叫声："不好！我今日死了倒也没什么！但是不知元帅信息，怎么能瞑目呢？"那人听了，便道："你实话说元帅是何人？"张保道："我是岳元帅帐下马前张保。因元帅进京久无信息，故要往临安探听。"那人听了，叫声："啊呀！不知是岳元帅手下将官，多有得罪了！"连忙解下绳索。

张保道："原来是个好汉。请问尊姓大名？"那人道："小弟复姓欧阳名从善。只因宋朝尽是一班奸臣掌朝，残害忠良，故此不想富贵，只图安乐，在此大江边做些私商，倒也快活。你家元帅何苦舍身为国？我听得岳元帅过江去，到平江路，就奉旨拿了。又听得说有个马后王横，被钦差砍死。就从那一日起禁了江，不许客商船只往来，故此不知消息。"张保听了，大哭起来。从善道："将军不要哭！我送你过江去，休要弄出事来！"一面就去把船撑开。

张保往临安上路。路上暗暗打听，并无信息。一日，清晨早起，偶然走到一所破庙门前，听得里边有人说话。张保就在门缝里向内一看，只见有两个叫花子睡在花铺上闲讲，一个道："如今世界做什么官？倒不如我们叫花子快乐自在，讨得来就吃一碗，没有就饿一顿；这时候还睡在这里，无拘无束。那岳元帅做到这等大官，哪里有我俩自在？"那一个道:"不要乱说!倘被人听得,你也活不成了。"张保一脚把庙门踢开。那两个花子惊得站了起来。张保说道:"我是岳元帅家中差来探信的,正访问不出消息,你二人既知,可对我说说。"那两个叫花子只是发抖,哪里肯说?只道:"小、小,人、人,们、们,不曾说什么!"张保就一手将一个叫花子提起来,说道:"你不说,我就杀了你!"那叫花子对着另一个道:"老大,你把门带上了,站在门口探望探望。倘有人走来,你可咳嗽一声。"把门掩上,道:"秦桧陷害岳元帅,又到他家中去将他公子岳云、爱将张宪骗到这里,就一齐关在大理寺狱中,不知做些什么。若有人提起一个'岳'字,就拿了去送他性命,因此小人们不敢说。"张保听了这一席话,惊得半天说不出话。去身边摸出一块银子,约有二两来重,赏了叫花子,就奔出庙门去。

回到下处,取了些碎银子,走到衣店里,买了几件旧衣服。又买了一个筐篮,求人家备办了些点心酒肴,换了旧衣,穿上一双草鞋,径往大理寺监门口,轻轻地叫道:"里边的大爷!小人有话讲。"那狱卒走来问道:"有什么话讲?"张保低声说道:"里边有个岳元帅,是我的旧主人,吃过他的粮。今日特来送餐饭与他,聊表一点私心。有个薄礼在此,送与爷买茶吃,望行个方便吧!"那狱卒接过来,约有三四两重,暗想:"王、李二位相公曾吩咐,倘有岳家的人来探望,一定要周全。落得赚他三四两银子。"便说道:"这岳爷是秦丞相的对头,不时差人来打听的。我放你进来,切不可高声,不要连累我们!"张保道:"这个我自然知道。"那狱卒开了监门,张保走进去,对狱卒道:"你可知道我是什么人？我不是别人，是濠梁总兵马前张保啊。"狱卒听了，慌忙跪下道："爷爷，小人不知，望老爷饶了小人之过罢！"张保道："我怎么肯害你？你只说我主人在哪里，就行了。"狱卒道："丞相为了岳爷爷，新造十间牢房，唤做'雷'、'霆'、'施'、'号'、'令'、'星'、'斗'、'焕'、'文'、'章'。岳爷爷同二位小将军都在'章'字号内。"张保道："既如此，你可带我去见他们。"狱卒起来，又看了看道："老爷这酒饭……"张保道："你放心！我们都是好汉，决不害你的。"那狱卒先进去禀告，然后请张保进去。

那张保走进监房，只见岳元帅青衣小帽，同狱官坐在中间讲话，岳云、张宪却手铐脚镣坐在下面。张保上前双膝跪下，叫一声："老爷，为何会这样？"岳飞道："你不在濠梁做官，到这里干什么？"张保道："小人不愿为官，已经弃职回汤阴了。不想公子也会这样！"岳飞道："你既不愿为官，就该归乡去了，又到这里来干什么？"张保道："一则探老爷消息，二来送饭，三来请老爷出去。"岳飞道："张保！你随我多年，岂不知道我为人？若要我出去，须得朝廷圣旨。你也不必多言，既来看我，不要辜负了你的好意，我领你的情把酒饭留下。快些出去，不要害了这位恩公！"张保就将酒饭送上去。岳飞用了一杯酒，叫张保快些出去。

张保走下来对岳云、张宪道："二位爷！难道也不想出去了么？"二人道："为臣尽忠，为子尽孝，元帅既不出去，我二人如何出去！"张保道："是小人失言了！小人也奉敬一杯。"二人道："也领你一个情。"那狱官狱卒们看了，都落泪道："难得，难得！"岳飞又道："张保出去吧！"张保道：

"小人还有话要说。"又上前跪下道:"张保蒙老爷抬举,不能服侍老爷始终。小人虽是愚蠢之人,难道不如王横么?今日怎么忍心见老爷、公子受屈?不如先去阴司,等候老爷来服侍吧!"遂站起来,望着围墙石上将头一撞。一声响,头颅已碎,脑浆迸出而死。

那狱官看见,心中十分伤惨。岳云、张宪痛哭起来。独有那岳飞哈哈大笑道:"好张保,好张保!"狱官道:"这张总爷路远迢迢赶来,为不忍见元帅受屈,故此撞死。帅爷不哀怜他也罢,怎么反而大笑起来?"岳飞道:"恩公你有所不知,我们'忠'、'孝'、'节'已经有了,独少个'义'字。他今日一死,岂不是'忠孝节义'四字都全了?"说罢,放声大哭起来。众人无不落泪。岳飞哭了一阵道:"望恩公将他的尸首妥为处置才好!"狱官道:"这个不消帅爷吩咐。"即刻差人去报与王能、李直知道,将尸首抬在后边。直到黄昏时候,王、李二人将棺木抬来,把尸首从墙下吊出,收殓钉好,棺材头上写着"濠梁总兵张公之柩",让心腹家人抬出城去,放在西湖边。

狱中的岳飞、岳云、张宪受尽了秦桧及其手下人的严刑拷打。但岳元帅一身傲骨,宁死不屈。

腊月二十九这天,秦桧以"莫须有"的罪名,痛下杀手,在风波亭吊死了岳飞父子。两位抗金大英雄,一代民族豪杰，就这样含冤而去了。岳飞这一年才三十九岁，岳云才二十二岁。

当天夜里，京城雨雪交加，狂风怒号，似乎老天爷也在为岳飞父子送行。

57. 沉冤昭雪，一门忠烈

自古道："善有善报，恶有恶报。"秦桧害死岳飞以后，每天晚上都睡不着觉，噩梦连连不断，头痛难忍。有一天，他和妻子去灵隐寺祈求菩萨保佑，看见一个疯和尚，秦桧随口说道："这庙里怎么有这么难看的一个和尚？"谁知，疯和尚却开口了："我虽然相貌丑陋，却心地善良，有些人天生美貌，却心如蛇蝎！"秦桧听了，急忙问："你说的是谁？""他自己心里明白！"秦桧把话题一转，又问道："你这个疯和尚，拿着扫帚干什么？""扫奸除恶！"和尚脱口道。

秦桧从寺里回家后，神思恍惚，不久便一病不起，没过几天就死了。后来，宋高宗死了以后，孝宗即位。金兀术趁新君年幼无知，又来攻打宋国。孝宗束手无策，连忙找老臣们商量对策。

老臣一齐奏道："想当年，岳家军威名传遍大江南北！奸臣秦桧害死岳飞，使金人如此嚣张！我们一致认为，要想打败金兵，还得依靠'岳家军'，皇上应该下旨为岳飞平反，这样，才有忠臣愿意为圣上效命呀！"孝宗听了，立刻亲自为岳飞平反昭雪，还把秦桧手下的爪牙一网打尽。孝宗封岳飞的二儿子岳雷为扫金大将军。面对金国强大的攻势，岳雷继承父亲的遗志，奋勇杀敌，彻底击败了金兵，杀死了金兀术，完成了父亲"精忠报国"的遗愿。

岳飞一生赤胆忠心，后人为了纪念他，在西湖边修建了岳王庙和岳王坟，一直到现在，岳王庙都香火旺盛，岳王坟的游人络绎不绝。

第三部分：岳飞的军事思想

1. 岳飞从严教子 治家有方

岳母刺字，激励岳飞从军抗金、尽忠报国，为岳飞教子树立了榜样。

岳飞有五子一女：儿子为岳云、岳雷、岳霖、岳震、岳霆，女儿为安娘。

岳飞对子女教育极为严格，首先从生活上培养艰苦朴素、热爱劳动的美德做起。当时，从农村到都市，酒铺林立，喝酒成风。岳飞却对儿子们规定：除了喜庆节筵外，平日里一律不准进酒。每天对子女们的功课是抓得很紧的，学业完成之后，岳飞还要他们拿着畚箕，扛着铁锹，到菜园里劳动。他对子女们常说："稼穑艰难，不可不知也！"

宋朝的官员到了一定的品级，规定其子孙享有当官的权利，官品越高，可封官数目越多，这个制度叫"任子恩例"。岳飞一生只"享受"过一次特权，他不是替儿子补官，而是让给了恩人张所的儿子张宗本，他没有让自己的儿子享受这种特权，宁可让儿子们闯出一条"自立勋劳"的道路。

身材瘦小的岳云，十二岁那年即当了一名士兵。当时，岳飞部队中都称岳云为"赢官人"。岳云入伍后，岳飞视岳云和其他士兵一样。生活起居，训习武艺，行军作战，都不许有特殊照顾。一次,岳云身披厚重的铠甲,骑马练习下坡,因马被绊倒,岳云被摔了下来。岳飞认为这是岳云平时缺乏训练的缘故,不禁高声怒喝道:"叫你上阵驱敌也这样吗?"岳飞立即下令将岳云斩首。幸亏诸将叩头求救,才免了岳云的重罚,但还是打了这位弱官人一百军棍。

在严格的管教下,岳云的武艺提高得很快。绍兴四年(1134年)岳家军收复襄阳六郡,此时岳云年方十六岁,他手持八十余斤重的一对铁锤,首先登上随州城,立下了头功。

1129年,金兀术渡江南进,岳飞移军广德、宜兴坚持抵抗。金兀术把披着重铠的一万五千名"铁浮陀"摆在正中央,"拐子马"布列两翼,妄图与岳飞决一死战。岳飞知道,金兀术是金兵中赫赫有名的勇将。他足智多谋,极为狡猾。这一仗是个大硬仗,十分危险。面对强敌,派谁去呢?他想来想去,想到了自己的儿子岳云。

岳飞觉得这个险仗应当让自己的儿子岳云去打,于是,随即命令儿子岳云率军出击。出发之前,岳飞厉声对岳云说:"你必须打胜仗回来,如你不打胜仗,我先斩你。"当时,不少人为岳云捏了一把汗,有的说:"两军决战,在对方实力雄厚的情况下,叫自己的儿子打头阵,打不胜还要杀头,这是世间少见的呀!"有几个贴心的人劝岳飞说:"这个险仗还是叫别人打吧!"岳飞不悦地说:"危险的仗能叫别人去打,为什么不能叫自己的儿子去打?难道别人的命就不值钱,自己儿子的命值钱?"他的决心毫不动摇。岳云呢,不仅满口答应,而且果真英勇杀敌,带头冲锋陷阵。他手执八十余斤重的双锤,率领兵士用大斧大刀,上砍金兵骑士,下砍马足,与金兀术的主力展开了一场惊心动魄的肉搏战,终于把这关键的一仗打胜了。

随后,岳飞又在三败金兀术的下一仗中,命令岳云上阵。岳云面对十多万大军,毫无惧色,率领八百勇士,冲入敌阵,杀死了金兀术的女婿夏金吾。在这场激烈的战斗中,岳云受伤达百余处,盔甲被鲜血染红了,战果辉煌,消灭金兵主力五千多。从此,金兵再也不敢与岳家军交战,发出了"撼山易,撼岳家军难"的哀叹。

岳云十二岁从军,十六岁那年跟随父亲征战。他手舞八十余斤重的两柄铁锤,一上一下,似舞梨花,每次攻城首先登城,曾连续攻下几个大州,立下首功。因此,小小年纪便获得了"赢官人"(即常胜将军)的称号。

岳云屡建奇功,岳飞怕他因功产生骄气,便经常把岳云的功劳隐而不报。

岳飞对部队将士的战功"丝毫必录"。可是对岳云所立的大功,却"隐匿"不报,事过一年,朝廷负责考核、选拔官吏的部门知道了此事,才按常例提升岳云为武翼郎。岳飞这样做,连张俊也不满,他说:"岳侯避宠荣一至此,廉则廉矣,然未得为公也!"

岳飞听了说:"群之驭臣,固不吝于厚赏;父之教子,岂可现以近功?"严于教子,在岳飞心中,还有一个很重要的目的,那就是自己身为统帅,不仅在冲锋陷阵上要身先士卒,即使在论功行赏上也要表现出谦让精神,以便和衷共济。他曾以说过:"正己而后可以正物,自治而后可以治人,若使臣男受无功之赏，则是臣已不能正己而自治，何以率人乎？"

为此，他对自己亲属的论功行赏，虽无另文规定，但要求比他人还严。有一次战斗结束，上报战功，张俊向朝廷推荐了岳云所立的"奇功"，朝廷下"特旨"，将岳云连升三级，授予武略大夫的官阶。对这样特殊的恩赐，岳飞竟连续上了两道奏章恳辞，他说：前次战斗，士卒冒着炮石箭雨，有的大将破阵立了奇功，我上报其事迹后才蒙升擢一级的恩赐。而我的儿子云，从何讲起，敢蒙跃进三级的奖擢？又说："此次恩数，似出于无名。不是示将士大以至正之道。……望收回成命。"在一而再地恳请之下，宋高宗同意了岳飞的请求。

在岳飞的从严教育下，岳云逐渐成长起来。在二十二岁那年，岳云就能挑起统率一军的重担。颍昌大战中他亲率背嵬军投入血战。在王贵一度怯战、形势不利的情况下，岳云沉着地指挥整个战场的战斗，稳定了战局，最后取得了大捷。这表明岳云无论在军事指挥艺术、作战勇敢和建树战功方面，都无愧为岳家军中卓有声望的一位将领了。

岳飞看书中写"先天下之忧而忧，后天下之乐而乐"，对家里人也如此要求。他一回家，脱下官服，就穿上布衣，因此家里人平时都穿布衣。有一次，他偶尔见妻子穿了绸衣，岳飞就对她说："我听说皇后娘娘、王妃、贵嫔（指被金人掳去的帝室）在北方过着艰苦穷困的生活，你既跟我同忧乐、共甘苦，那就不适宜穿这么好的衣服了。"李氏夫人听了连忙换穿布衣。

岳飞是孝子，对老母亲侍奉唯恐不周。不出军时，虽戎务缠身，每天傍晚必抽空去母亲房内探望。母亲卧病以后，他亲自熬汤药，跪送病榻，经常关照家人要注意母亲的饮食寒暖和衣被的替换。在母亲寝室，话不多说一句，走路避免出声，唯恐影响母亲的休息。一旦出师，又谆谆嘱咐家人，务必好好服侍卧病在床的老人。

岳飞妻子李氏夫人，在岳飞、岳云遇害后，便和儿子岳雷等被流放到岭南。家道骤然从高门显贵的地位跌入连平民百姓还不如的罪徒逆境，但她坚贞不屈，继承夫志，在流离颠沛的困苦生活中，每天仍然督促儿孙们完成当天的学业，从不稍懈。

岳飞的家教是卓有成效的。在儿辈中，培养了岳云这样名垂青史的青年将领；在孙辈中，出了岳珂这样著名的学者。

2. 身先士卒　执法严明

岳飞的治军为当时诸帅所钦佩、所折服，也为朝野所共赞。张俊早年就曾经向岳飞讨教过治军的经验，宋高宗也称赞过岳飞"治军之有法，虽观古以无惭"。这个评语对古代军事家岳飞来说，绝没有言过其实。岳飞治军经验十分丰富，其中有一些经验，直到今天，仍然具有借鉴的意义。

岳飞时刻不忘洗刷国耻，还我河山，他以民族和国家的大义激励士气。出征杀敌前，岳飞常常亲至队列前，慷慨陈词，每讲到国家的深仇大恨时，又往往情不自禁，仰天长叹，泪水奔涌，气塞得讲不出话。将士们无不感动得唏嘘而泣。如建康之战，因统帅杜充降敌，形势十分险恶，岳飞刺血激励将士："建康，江左形胜地，使敌人占据，何以立国？今日之事，有死无二！"士卒一致表示："愿听命，奋不顾身！"平时与将校谈话，也必以抗金爱国的意气互相激励。由于岳家军将士明确为保卫国家而战，因此，即使在敌强我弱或形势不利时，也能浴血奋战、以一当十。

岳飞很关心士卒的生活，与他们同甘共苦。在供给困难的情况下，岳飞"与士卒最下者同食"。行军宿营时，如果士卒露宿在野外，岳飞也决不进房。有时地方送来酒肉犒劳，必平均地分配给将士。有时酒的数量较少不够分配，便在酒中掺些水进去，哪怕"人受一啜"也好。朝廷有犒劳、赏赐，有时数万、有时数十万贯不等，岳飞"一钱不私藏"，如数分给将士。有一次，一个负责分配犒赐的部将，不按岳飞定好的标准发放,并将多余下来的金钱贪为己有。岳飞发现后大怒,立即将这个部将处死了。士卒有病,岳飞亲自抚问、调药。部队出征后,岳飞吩咐留守人员要关心将士家属的生活,还叫自己的妻子去慰问将士家属。对于有困难的士兵家属,嘱咐留守部门赠送银子、绢帛,以解除前方将士的后顾之忧;家属受到照顾和关怀,纷纷勉励丈夫、儿子在前线杀敌立功。

岳飞治军纪律严明,秋毫无犯。他规定凡是损坏庄稼、妨碍农作、买卖不公平的,要处死刑。有一个士兵,私取老百姓的一缕苎麻用来捆马草,岳飞查实后,当场斩首。部队行军宁愿露宿村头,也不敢去惊动村民;即使村民请他们进屋去住,如果没有上级命令,依然不敢进去。住在老百姓家里,起床后第一件事,把铺草捆好,接着洒扫门庭,帮助房东家洗涤盆碗。这些工作做好后,队伍才离开。

援淮西时,岳家军屯住合肥。岳飞曾派一骑兵过长江送公文,不巧碰上长江风急浪高,渡口禁渡。骑兵不顾渡口管理人员的劝告,坚持非渡不可。他说:"宁愿溺死在江中,我也不敢耽误岳相公的命令。"

一个姓顾的樵夫,从来没有遇到过像岳家军这样好的军队,因此,对前来买柴的岳家军士兵特别热情,主动减价,每担少收两个钱。可是,岳家军士兵严格遵守军纪,坚持照市价付钱。樵夫一再推让,买柴的士兵非常感谢樵夫的好意,最后却不得不说:"我能够为两个小钱换一颗脑袋吗?"

岳飞要求将士遵守纪律,做到秋毫无犯,自己也身体力行。一次行军经过某地,部队第二天就要开走。地方长官听说岳飞来了，天一亮就在城外路口搭起帐篷，准备了盛筵饯别岳将军。可是，眼看队伍快走完了，也未见到岳飞，这些地方官发急地问："大将军何在？"殿后军回答说："已夹在普通将士中走了！"为了不打扰地方，岳飞不摆大官架子，严于律己，为将士们作出了榜样。

在南宋初期，除岳家军外，其他官军没有不抢掠的。张俊部队从宁波行军至温州，所过之处，"鸡犬为之一空，居民闻其来，逃奔山谷，数百里间，寂无人烟"。王昌军从江西上饶入福建，所过州县，敲诈勒索，一开口就要上千两银子。连韩世忠这样较好的抗金军队，在粮食匮乏的情况下，也免不了抢掠。有一次，他的部队经过浙西，"浙西为之骚然"。而岳家军却做到了"冻杀不拆屋，饿杀不打掳"，因此才显出它是历史上少见的军纪严肃的部队，赢得"行师有律，几不犯于秋毫"的评价。各地百姓听说岳家军经过，人民相呼共观，"举手加额，感慕至泣"。

岳飞执法严明，赏罚公平，"待千万众如待一人"。赏者不嫌疏，罚者不避亲。在攻莫邪关时，张宪的部下郭进先登，岳飞当场解下金束带，连同自己所用的银器加以赏赐，并把他从士兵升为军官。凡是立有战功，无论是将领，还是士卒，岳飞决不遗漏一人。谁如果违犯纪律，也不问是亲还是疏，是官还是兵，决不放过。岳家军屯驻徽州时，老百姓控告岳飞舅父姚某有欺压行为，岳飞就将此事转告母亲，要母亲罚她的兄弟。一天，部队从徽州出发，岳飞与舅父姚某同行，不料，这位舅父受岳母责罚后不但不认错，反而怀恨在心，竟图谋杀岳飞。走了一段路程后，姚某突然纵马跑出数十步外,回头引弓向岳飞猛射一箭,幸亏这一箭射在鞍桥上。岳飞大怒说:"不愿受法纪约束的人,要他何用?"他拍马追上,将姚某一举擒下马来,斩首示众。又一次,岳飞行军路过一家新盖的店铺,发现屋檐上少了一块茅草,岳飞马上找来店主人,问道:"这必定是我军士卒取走的吧?"店主回答说:"岳宣抚军不曾一毫打扰人。这块空缺是偶尔空下来未及盖好的。"

岳飞不相信,立即派人调查,不一会,查到是一个骑兵弄下来的。岳飞想马上对他加以重罚,这时一个军官向岳飞讲了事情的经过。原来这个骑兵进店吃东西,因急于赶上部队,上马时用力太猛,遂不慎将屋檐上的一束茅草弄了下来。这时店铺全家也哭着向岳飞求情,希望赦免了他。但岳飞为了严肃军纪,还是打了他一百记军棍。赏罚严明,不等于滥用刑罚。岳飞对将校们说,士卒有过,应该以教训为主,不要动不动就鞭笞杖击。有一位裨将叫杨贵,他将一名擅离队伍的士兵切割处死。行刑时,正好被亲自率领一支巡逻兵的岳飞所遇见。岳飞查问了处分这位士兵的原因后,感到这个处分太重了。当时这位士兵尚未死,岳飞顾视左右,示意他们出来祈求杨贵,免去这个士兵的死刑。结果仍被杨贵拒绝了。这位士兵断气后,岳飞亲自解下自己的衣服裹尸。回去后立即召杨贵到军帐,岳飞严厉地责问他:"擅离队伍罪,不至于处极刑。你该以死顶死。"杨贵惶惧,话也讲不出来。多亏诸部将跪下求饶,才免了杨贵的死罪。后来岳飞允许杨贵立功赎罪。

岳飞主张重选拔、谨训习、兵贵精、不贵多。宋高宗下诏将韩京、吴锡二军拨给岳飞后，岳飞将其老弱和不习于战斗的兵卒遣送回家，留下的竟不满千人，由此可见岳飞选拔之严。留下的这些士兵在岳家军中专门训练了几个月，才算合格。岳家军有一支精选的劲旅，称做"背嵬军"（即亲随军），比其他将帅的亲随军战斗力更强，堪称勇健无比。"凡有坚敌，遣背嵬军，无有不破者。"平时，岳飞十分重视军事训练，视无事如有事。训练时，训练项目、训练要求，均根据实战需要出发。有时老百姓围观，惊叹岳家军将士武艺高超，"望之以为神"。

岳飞在战斗中总是身先士卒，带头冲锋陷阵。古代战争，全靠旗头的旗帜来指挥，旗进则众进，旗退则众退。因此，旗头成了敌人的"众矢之的"，是十分危险的。岳飞从列校到部将，直至统帅，凡是他亲自参加的战斗，总是身先士卒冲锋陷阵，"自为旗头"。凭着他的勇敢、智谋和举世无双的武艺，带领部队在敌阵中横冲直撞，每次都赢得胜利。岳飞对自己要求如此之严，可是，对他人的要求则并不高。他说，战阵一拉开，只要手握得牢枪，口里有唾水可咽，就算是有"勇气"了。有一个主管机要文字的文官，北伐时，随军到中原。他看到大平原上数万、下数万人的大战，心惊肉跳，看也不敢看。岳飞为了培养他的胆略，选择了一次较小规模的战斗，亲自带他上战场。岳飞吩咐他，只许站在马旁边观战，不能离开战马。因为你一离开马，在战场上走动起来，打乱了全军注视旗头的注意力，后面的人一箭就会把你射杀。等到大阵动了，方可随着大家移动。黄机密上战场后，担心的倒不是自己，而是"旗头"。当战斗结束后，他对岳飞说："敌人狡猾，你亲自当旗头指挥，如果敌人认出了你岳宣抚，聚集起强弓硬弩集中射你，那可怎么办？"黄机密的话很有道理，但岳飞却没有采纳。岳飞认为，在必要时统帅必须身先士卒，亲自在战场上灵活指挥，才能鼓舞将士的斗志，夺取战争的胜利。

一支严格执行命令、视死如归、武艺高强并能得到人民拥护的军队，必然是所向无敌、百战百胜的军队。历代名将治军的业绩，还没有能够超过岳飞的。

3. 节俭廉洁　谦虚敬贤

岳飞起自寒微之家、行伍之中，不到十年，"位至将相"。他虽身居显位、高官厚禄，但并没有忘记民间的疾苦，而是保持了节俭淡泊、刻苦励志的美德。

当时诸大将中除岳飞外，刘光世、张俊、韩世忠、吴玠、杨沂中，都以经营田产致"金钱巨亿"，"置歌儿舞女"竞相侈靡。宋高宗也鼓励他们这样做。例如：韩世忠于新淦县购买田产，宋高宗闻知后，十分高兴，说韩世忠"为子孙"计谋后福，没有其他野心，特别表彰他的"忠"，因此，赐名韩世忠新得的田庄为"旌忠庄"。再如杨沂中在西湖边大造私宅，擅自引西湖水环绕杨宅四周，受到了朝官的控告。宋高宗则亲自为他辩解说："若以平盗之功言之，虽尽以西湖赐之曾不为过！"

张俊派士兵搞海外贸易，一次垫付本钱五十万贯，"获利数十倍"；他贪占良田遍天下，罢兵权居家后，每年收租米达六十万担。

而岳飞，除了宋高宗赏赐之外，不经商，不置田产，不营造豪华的宅邸。平时饮食不超过两个荤菜。一次，留部将郝政进餐，碰巧一个荤菜也没有。郝政进送酸馅，岳飞尝后，把剩下的当做"晚食"。又一次，岳飞发现饭桌上添了一道红烧鸡，他马上查问，厨师回答说，是州里送来的。岳飞传命下属，此后不许为他进送佳肴。岳飞在家穿的是布衣素服。岳飞不娶姬妾，家中更无歌伎舞女。蜀帅吴玠的一个属官,到鄂州来与岳飞商议军事,岳飞设宴招待他。使这个属官非常奇怪的是:宴会结束了,也没有出现一个女人来陪酒。他回四川后,即向吴玠谈起此事。妻妾成群的吴大帅,从结好岳飞考虑,立即花了两千贯钱买了一个出身于士族家庭的姑娘,以及陪嫁的金珠宝玉送给岳飞,岳飞盛情难却,但以岳飞的志向和情操是断然不肯纳妾的。如何婉言辞谢呢?岳飞自有办法。见面时,岳飞叫她立在屏风后面,对她说:"我家的人,都穿布衣,吃的是肉末酱面。女娘子倘能同甘苦,就请留下。否则,我不敢留!"

姑娘只是吃吃地发笑。她原是为坐享富贵而来的,听了岳飞的话,感到身入将相之家,居然要过这般清淡生活,不免感到好笑,这当然是不满意的表示。岳飞于是对姑娘说:"既然如此,则不可留也!"岳飞把姑娘连同妆奁都退了回去。当时部将都劝岳飞把她留下,"以结好"吴玠。岳飞说:"如今国耻未雪,难道是大将安逸取乐的时候吗?"吴玠听说后不但不生气,反而愈加敬重岳飞。

岳飞自己过着淡泊清廉的生活,对他人则慷慨解囊。他得到的朝廷厚赏,都用来奖励战士。军国缺粮,宁可出家财、私藏以资助。母亲、兄弟从北方接出来后,在九江安家,聚族而居,但家产"仅有田数顷"。

岳飞被害抄家,"家无余财"。秦桧不相信,穷凶极恶地审问岳飞家的吏仆,结果,还是被抄家时的那点财物。二十年后,岳飞得到平反昭雪,朝廷偿还岳家充公的财产,计钱仅三千八百二十二贯,水田七百多亩,陆地一千一百多亩。经办的官员,"恻然叹其贫"。而大将刘光世,不算他在浙江青田霸占的大片土地，光在淮东，就夺取民间膏腴水田三万亩。当时诸大将在杭州都建有规模宏大的宅邸，唯独岳飞没有。宋高宗打算在杭州给岳飞建造华丽的府邸，岳飞慨然辞谢，他说："北虏未灭，臣何以家为！"

淡泊存高志，宁静以致远。岳飞确实是当之无愧的。